음악학원 운영의 비밀

THE SECRET OF
MUSIC ACADEMY OPERATIONS

백주희 저

음악학원 운영의 비밀

THE SECRET OF
MUSIC ACADEMY OPERATIONS

차 례
CONTENTS

시작하는 글 _ 4

저자의 학원 이야기 _ 6

원장의 고민 _ 10

음악학원의 입지 조건 _ 14

원장의 마음가짐 _ 16

학원 홍보 _ 22

성공적인 학부모 상담 _ 26

원생 수에 따라 다른 교수법과 운영법 _ 33

체계적인 원생 관리법 _ 37

특별한 특강 프로그램 _ 41

정기 연주회와 콩쿠르 _ 44

1인 2악기 시대, 고학년 맞춤 레슨 _ 52

강사 관리법 _ 54

학원에서 일어나는 이런 저런 일들 _ 58

마치는 글 _ 63

시작하는 글
PREFACE

어느 날 음악학원을 운영하고 있는 친한 지인으로부터 요즘 학원 운영이 어떤지 묻는 연락이 왔습니다. 보통 학원 운영이 힘들 때 위와 같은 질문을 많이 합니다. 저 또한 같은 경험이 있었기 때문에 원장님의 마음을 바로 알아차릴 수 있었습니다.

"원장님, 어떻게 하면 학원을 잘 할 수 있어요? 저에게 비법 좀 가르쳐 주세요."

학원을 운영하는 원장이라면 누구나 잘하고 싶다라는 생각을 할 것입니다. 그러나 어떻게 해야 하는지 구체적인 방법을 몰라 방황하는 원장님들 또한 많이 계실 것입니다. 그래서 원장님들께 길을 안내해 드려야겠다는 생각을 하게 되어 이 책을 쓰게 되었습니다. 저만의 노하우를 다 알려드린다는 것은 결코 쉬운 일이 아닙니다. 하지만 원장님들의 답답한 마음에 희망의 불꽃이 생긴다면 그 또한 감사한 일이라 생각되어 공유하려고 합니다.

'내가 경영하는 음악학원이 어떻게 하면 성공할 수 있을까?'

누구나 한 번쯤은 깊은 고민을 해보는 질문인 것 같습니다. 성공이라는 단어를 이루기 위해 여러 가지 책들도 보고, 성공한 다른 학원의 노하우와 경영 비법을 자신의 학원에 적용해 보기도 하지만 현실은 녹록치 않습니다. 자신의 학원이 다른 학원의 상황과 많이 다르기 때문인지는 몰라도, 항상 돌아오는 결과는 기대치와 상당히 떨어져 있음을 발견하게 됩니다.

이 책은 누구나 한 번쯤 해 본 이러한 고민에 대해 20여 년간 학원을 경영하면서 접하게 된 본인의 경험과 위기상황을 대처하며 깨닫게 된 것들을 소개하는 책입니다. 이 책이 음악학원의 성공을 기대하는 모든 분들께 작으나마 지침서로 활용되기를 기대해 봅니다.

백주희

THE SECRET OF
MUSIC ACADEMY OPERATIONS

음악학원 원장님들께

음악학원을 경영하는 원장님들의 노고를 응원합니다. 아이들을 가르치는 일뿐만 아니라 학부모 상담, 원생 모집, 강사 관리에 이르기까지 이 모든 것들이 원장님들의 손길과 사랑이 없이는 절대 이룰 수 없는 것임을 알기에 먼저 경험해 본 제가 조금이나마 도움이 되고자 경험을 바탕으로 음악학원 운영법을 정리하였습니다. 원장님들의 학원 운영에 많은 도움이 되길 바랍니다.

저자의 학원 이야기

1. 우여곡절이 많았던 첫 번째 학원

학원을 처음 오픈했을 때 나이가 20대 초반이었습니다. 주택가에 있는 단독 상가 3층을 보증금 700만 원, 월세 30만 원에 계약해 아버지께서 직접 인테리어 공사를 하고 계셨습니다.

"이 학원 누가 할 거예요?"

라고 여쭤보니

"당연히 네가 해야지."

대학생 신분으로 학교수업 들으랴, 연습하랴 너무 바빴고, 한 번도 학원을 운영해본 적이 없어 당황했지만 당시 가정형편이 어려워 저와 언니들 모두 육 자매는 아르바이트로 학비와 용돈을 벌어야 하는 상황이었습니다.

개원하고 4학년이 될 때까지 전임강사를 두고 운영을 하였는데 계속되는 적자로 학원운영이 너무 어려웠습니다. 원장이 학원 운영에 대해 아무것도 모르는 20대 초반이고 아무런 경험과 노하우도 없는데 열심히 일하는 강사를 바랄 순 없었겠죠? 저 또한 강사에게 무슨 일을 어떻게 시켜야 할지도 몰랐습니다. 그래서인지 2년이 넘도록 원생 수가 20명 정도밖에 되지 않았습니다. 아버지께서 힘들게 차려주신 학원인데 너무 죄송하고 마음이 힘들었습니다.

어느덧 졸업반이 되고 보니 학생이 아닌 원장으로서 본격적으로 학원을 살려야겠다는 생각이 들었습니다.

"이제부터는 제가 매일 나와 아이들을 사랑과 정성으로 최선을 다해 잘 가르치겠습니다."

라고 다짐의 전화를 돌렸습니다. 적어도 한 달에 한 번은 상담 전화를 했더니 2년 동안 20명 남짓하던 원생 수가 한 달 만에 40명 이상이 모였습니다. 그리곤 불과 6개월 만에 80명 이상으로 원생이 늘어나게 되었습니다. 갑자기 아이들이 많아지니 너무 신나고 즐거웠는데 이 때부터 다른 문제들이 생기기 시작했습니다. 원생이 적을 때는 원생 관리가 별로 어렵지 않았는데 아이들이 많아지니 원생 관리가 너무 힘들고 학부모들께 전화도 잘 안하게 되었습니다. 아이들이 많아지면 강사도 수강생 수에 맞게 적절하게 있어야 하는데 강사 한 명과 원장, 둘이서 레슨과 이론을 하니 아이들을 꼼꼼하게 잘 가르칠 수가 없었습니다. 이러다보니 콩쿠르 레슨 또한 적당히 하게 되어 좋은 성적을 받기 어려웠습니다. 학원을 잘 운영하기 위해 어떻게 해야 하는지 전혀 모르는 초보 원장이었던 것입니다.

학원이 잘 되려면 꼭 필요한 요소가 있습니다.
1. 우리 학원만의 준비된 상담법
2. 체계적인 원생관리 프로그램
3. 원생 수에 맞는 운영법과 좋은 강사
4. 특별한 교육 프로그램

이러한 요소 없이 돈 버는 데만 집중해서 학원을 운영하다보니 결국 원생관리가 제대로 되지 않아 학부모들의 불만이 쌓이기 시작했습니다.

"이 학원 아이들은 많은데 선생님이 적어서 레슨 제대로 안 되더라."

"아이들이 많아서 원장이 일일이 신경 써 주지 않더라."

등 안 좋은 소문이 돌더니 아이들이 점점 줄어들기 시작했습니다. 아이들이 줄어드니 열정도 의욕도 사라지고 결국은 슬럼프에서 극복하지 못하고 학원을 그만두게 되었습니다. 이렇게 한 번 실패를 해보니 다시는 학원을 못 할 것 같은 생각이 들었습니다.

원장님들 중에도 열정은 있는데 제대로 된 학원 운영법을 몰라서 내 맘대로 운영하는 경우가 많을 거라 생각합니다. 무엇보다 학원 운영의 필수 요소를 꼭 기억해 두시길 바랍니다.

2. 체계적인 두 번째 학원

첫 번째 학원 운영 경험을 되돌아보니 전문적이지도 않았고 아이들을 위한 특별한 프로그램도 하나 없는 주먹구구식의 학원, 한마디로 '내 맘대로 경영하는 학원'이었습니다. 그래서 두 번째 학원은 아이들을 위한 좋은 학원으로 만들고 싶었습니다. 많은 아이들을 제대로 잘 가르치고, 잘 관리하는 체계적인 시스템이 갖추어진 학원을 만들어야겠다고 마음먹었습니다.

이번에는 아파트 상가 2층을 얻어 인테리어를 했습니다. 임대료와 월세가 비쌌지만 한번 도전해 보고 싶어 대출을 받았죠. 그렇게 태어난 것이 현재 운영하고 있는 카이스트 음악학원입니다. 2층 상가에는 태권도, 영어, 수학, 미술, 논술 등 여러 개의 학원이 있어 원생모집이 훨씬 쉬울 거라 생각했지만 현실은 너무도 냉혹했습니다. 같은 층에 피아노학원 3개가 동시에 개원을 했는데 같은 종류의 학원이 여러 개 되다보니 경쟁이 너무 치열했습니다. 지금껏 바로 옆에서 다른 학원과 경쟁을 하며 운영을 해 본 적이 없어 너무 당황스럽고 걱정이 되었습니다. 어떻게 하면 경쟁에서 살아남을 수 있을까? 생각해보니 우리 학원에 상담하러 오는 학부모들을 대부분 등록시켜야겠다고 마음먹었습니다. 그런데 어떻게 하면 학부모들의 마음을 사로잡을 수 있을지 잘 모르겠어서 나만의 상담법에 대해 고민하기 시작했습니다. 학원에 오는 학부모들의 마음에 드는 상담을 하기 위해 우리 학원만의 상담지를 만들어 상담을 하고, 체계적인 원생관리 프로그램을 만들어 아이들을 관리하고, 여러 세미나에 다니며 학원에 도움이 되는 것들을 받아들여 새로운 도전을 했습니다. 또한 많은 아이들을 꼼꼼하게 관리하기 위해 담임제 수업을 시도했습니다. 담임제 수업을 시행한다고 했을 때 주위에서 강사관리 제대로 못하면 실패할 확률이 높다며 걱정하는 지인들이 많았습니다. 걱정은 되었지만 담임제가 제대로만 된다면 아이들의 개인차와 특성에 맞게 책임감 있는 레슨과 관리가 이루어질거라 생각하고 과감히 시도를 했습니다. 강사관리가 처음에는 어렵고 힘들었지만 차근차근 문제를 풀어가다 보니 담임제 수업의 장점이 너무 많아 이제는 원장님들께 적극 추천을 하게 되었습니다.

담임제 수업은 원생이 50명 이상일 때 시도하면 좋습니다. 강사를 최대한 적게 두는 것이 아니라 원생이 최대한 잘 배울 수 있게, 여유 있는 레슨이 가능하게 해야 합니다. 이렇게 원생 수에 따라 달라지는 유연한 운영을 하게 되었습니다.

제가 학원을 운영하는데 있어 가장 먼저 생각하는 것이 **아이들을 위한, 아이들이 좋아하는,** 아이들에게 **특별한 것이** 어떤 것이고, 더불어 **프로그램과 시설, 교육 세미나에 대한 투자**입니다. 과거에는 투자에 대해 아깝고, 손해 보는 느낌이 들었는데 이제는 투자가 곧 나에게 더 큰 이익이 되어 돌아온다는 것을 알게 되었습니다. 그래서 초등학생과 유치부 분리수업을 하여 아이들의 연령에 맞는 프로그램을 도입하고 좋은 강사들을 많이 채용하여 원생 관리가 잘 되는 체계적인 학원을 만들게 되었습니다. 이렇게 운영하다 보니 아이들을 위해 열심히 노력한다는 것을 이제는 온 동네 사람들이 다 인정해 주는 학원이 되었습니다.

원장의 고민

원장들의 가장 큰 고민은 무엇일까요?

어느 날 가깝게 지내는 원장님으로부터 전화를 받았습니다.

"원장님, 저 학원 운영 하는 게 너무 힘들어요. 원장님 학원은 아이들도 많고 관리도 잘 되는 것 같은데 무슨 비법이라도 있나요?"

아마도 모든 음악학원 원장님들의 고민일 거예요. 이렇게 답답해하고 힘들어하는 원장님들의 고민을 들으면 예전의 힘들었던 때가 생각나 도와드리지 않을 수가 없습니다. 저 또한 학원에서 일어나는 많은 일들을 겪으며 너무 힘들고 어려웠지만 오랜 시간 고민하고 인내하고 노력하며 바람직한 학원 운영법을 터득했습니다. 저뿐만 아니라 성공한 사업장들을 살펴보면 남들과 다른 열정과 끈기, 인내를 가지고 열심히 노력하는 모습을 볼 수 있습니다. 좋은 운영법을 찾았으면 실천하는 것이 중요합니다. 아무리 좋은 해답을 찾았어도 자기 것으로 만들지 않는다면 아무 소용이 없습니다.

1. 어떻게 하면 많은 원생을 모집할 수 있을까요?

학원을 오픈하고 몇 달이 지났는데도 원생이 생각만큼 모집이 안 되면 초조하고 답답해지죠? 이 동네에 아이들이 없는데 잘못 자리 잡은 건 아닌지, 내가 학원을 잘 하고 있는지 불안해집니다. 아이들을 모집하기 위해 전단지도 만들고 입학식 때마다 학교 앞에 나가서 홍보에 열을 올리기도 하지만 그때 잠시 아이들이 등록하는 것 같다가 더 이상 신입생이 등록하지 않을 때 더욱 고민이 됩니다. 이럴 경우 상황에 맞는 상담법이 매우 중요합니다. 준비된 상담이 등록으로 이루어질 가능성이 매우 크며 학부모의 만족도 또한 높아집니다. 더불어 상담을 받고 등록한 학부모들의 입소문으로 간접적인 홍보효과도 크게 나타납니다.

2. 최선을 다해 학원을 운영하고 있지만 언제 그만둘지 모르는 원생들 때문에 불안해요.

원생이 어느 정도 모집되었다고 하더라도 언제 그만둘지 모르는 불안감에 잠 못 이룬 적이 많을 겁니다. 특히 학원을 처음 운영하는 원장님들은 더욱 그렇죠. 원생 한 명 나가고 들어올 때마다 울고 웃고 하며, 아이들을 그만두지 않게 하는 좋은 방법을 찾기 위해 지푸라기라도 잡고 싶은 심정으로 열심히 가르치죠. 이럴 때는 체계적인 원생관리와 강사관리로 학원을 안정적으로 운영해 나가는 것이 매우 중요합니다. 또한 원생의 연령과 특성에 맞는 프로그램으로 한 명 한 명에게 만족감을 줄 수 있어야 합니다.

학기 초에 신입생들이 등록해서 원생 수가 많아지는 것 같은데 막상 출석부를 보면 그만두는 원생들도 많아 실질적인 원생 수의 차이가 없을 때 너무 답답했을 겁니다. 학원은 그만두는 인원보다 등록하는 인원이 많을 때 원생 수가 늘어나는 것인데, 원생 수가 항상 그 수에만 머물러있다면 열정과 의욕이 사라지고, 원생들에게도 양질의 교육 서비스를 주기가 어렵게 됩니다. 이럴 때는 다양한 음악 프로그램을 도입하여 아이들이 학원에 오는 것을 즐겁게 느낄 수 있도록 해주는 것이 필요합니다. 또한 유치부와 초등부 저학년, 초등부 고학년을 분리수업 하는 것도 좋은 방법입니다. 연령별 특성에 맞는 수업으로 교육의 수준도 높아지고 아이들도 더욱 즐거워합니다. 유치부는 음악놀이 프로그램, 초등부 저학년은 다양한 특강 프로그램, 고학년의 경우는 탄탄한 교수법과 특강 악기로 배움의 즐거움을 느낄 수 있게 맞춤 교육을 하는 것입니다. 이렇게 운영을 하면 학부모들의 학원에 대한 믿음과 신뢰가 좋아지고 그만두는 원생이 줄어들어 자연스럽게 원생 수가 늘어나게 됩니다.

3. 교육열이 지나친 학부모를 상대하는 게 너무 힘들고 어려워요. 뭐 좋은 방법 없을까요?

특히 우리나라처럼 교육열이 높고 경쟁이 심한 사회에서 이런 학부모는 학원마다 있을 겁니다. 이럴 때는 학부모의 마음을 이해하고 공감하는 것도 중요하지만, 원장의 의견을 소신껏 전달하는 것도 중요합니다. 내 학원에 대한 원칙이 있고, 열정을 가지고 아이들을 잘 가르치는 학원임을 인식시켜야 합니다. 이를 위해서 각종 대회에서 우수한 성적을 거두는 것과 성공적인 연주회를 통한 믿음과 신뢰를 주는 것이 좋습니다.

우리 학원에서 있었던 일입니다. 학원에 등록한 지 얼마 안 된 학생의 어머니였는데 아이에 대한 궁금증이 많아 매번 진도에 대해 물어 보고, 승급할 때마다 꼭 쳐보게 하며, 피아노에 아주 관심이 많은 어머니였습니다. 물론 원생관리 프로그램에 따라 상담뿐만 아니라 평가서와 동영상 전송도 했지만 초급 과정을 배우는 아이의 실력이 만족스럽지 않았던 것 같았습니다. 그러던 중 정기 연주회를 하게 되었는데 그때 원생들의 실력을 보고는 너무 만족해하며

"원장님, 우리 ○○이도 계속 다니면 저렇게 잘 칠 수 있어요? 이제는 믿고 보낼 수 있겠어요."

라고 너무 좋아했던 사례가 있습니다.

이런 경우도 있었습니다. 바이엘 3권을 마친 아이에게 연주해보라고 하니 더듬거리고 잘 못 치던데 잘 못 가르친 거 아니냐며 화가 나서 방문한 경우도 있었습니다. 학원에서 배운 내용은 선생님 없이도 잘 쳐야 한다고 생각하는 학부모들이 많습니다. 이런 경우 초보 원장들은 무척 당황할 겁니다. 분명 계이름도 열심히 가르치고, 손모양, 손가락번호도 잘 가르쳤는데 못 치는 이유가 뭘까요? 저는 학부모들께 이렇게 말씀드립니다.

"학원에서 배웠던 거 쳐보라고 하면 잘 치는 아이가 거의 없는 게 정상이에요. 만약에 척척 쳐내는 아이가 있다면 이 아이는 타고난 재능과 소질이 있기 때문에 전공해야 하는 아이입니다. 보통의 아이들은 선생님이 옆에서 악보 읽는 것을 도와주면 잘 치지만 선생님의 도움이 없으면 잘 읽던 악보도 더듬거릴 수밖에 없어요. 바이엘 교재 승급은 우리 아이가 다음 단계로 올라갈 만큼 독보력과 테크닉 등 실력이 좋아졌다는 것이기 때문에 칭찬과 격려로 더 열심히 할 수 있게 응원해 주어야 합니다. 아이가 앞으로 더 발전하고 좋아질 것이니 걱정 말고 기다려주세요. 고학년이 되면 부모님이 원하시는 실력이 될 거예요. 우리 아이가 피아노를 잘 쳐서 행복해하며 연주하고, 연주로 스트레스를 푸는 시기가 분명 온답니다. 꾸준히 배울 수 있게 격려해 주시고 칭찬해 주세요."

라고 말합니다.

레슨교재 진도를 친구와 비교하면서 곤란하게 하는 경우도 있습니다. 아이의 실력에 대해 언급할 때 다른 친구와 비교하면서 말하면 서로 감정 상하는 경우가 생깁니

다. 진도가 빠른 아이의 경우 수학적 사고력이 뛰어나서 독보력과 이해력이 좋아 진도가 빠를 수 있습니다. 소근육의 발달이 잘 된 학생은 같은 연습량이라도 금방 따라 하기 때문에 진도가 빠릅니다. 타고난 음악적 재능이 있으면 곡을 표현하기 쉽기 때문에 연주도 잘하게 됩니다. 마지막으로 성실하고 지구력이 있는 학생은 연습을 충실히 하기 때문에 진도가 빠를 수 밖에 없습니다. 이 네 가지를 다 갖추면 진도가 엄청나게 빠르고 두 개만 해당돼도 평균적인 아이들보다 진도가 빠릅니다. 피아노는 아이들마다 타고난 감각과 재능에 따라 많은 차이가 나기 때문에 비교하면 안 된다고 말씀드립니다. 대부분의 학부모들이 내 아이의 사고와 성향이 어디에 해당하는지 알기 때문에 이해하고 수긍하며 더 이상 비교하지 않게 되었습니다.

4. 강사관리가 너무 어려워요. 어디 책임감 있는 강사 없을까요?

물론 좋은 강사도 있지만 게으른 강사, 눈치 없는 강사, 센스 없는 강사, 아이들에게 성의 없이 대하는 강사, 책임감 없는 강사 등 같이 일하기 답답하고 힘든 강사도 많죠? 그렇다고 당장 해고하는 것이 정답은 아닙니다. 사람마다 타고난 성격과 능력이 다르기 때문에 우선은 기회를 주는 것이 좋습니다. 원장이 애정을 가지고 자신을 지켜보고 있음을 인식 시켜줘야 합니다. 또한 먼저 행동으로 보여줌으로써 따라하게 하는 것도 좋은 방법입니다. '칭찬은 고래를 춤추게 한다'라는 말도 있듯이 강사들도 원장의 칭찬과 격려로 성장하게 됩니다. 어느 정도의 기간을 두며 일을 가르치고 열심히 일할 수 있게 격려도 했는데 달라지는 게 없다면 방법이 없지만, 그렇지 않은 경우에는 같이 일을 하면서 서서히 좋아지는 경우도 있습니다.

학원을 오래 하면서 많은 강사를 겪어 보았습니다. 처음에는 강사에게 최대한 편하게 잘해 주면 아이들에게 잘하고 오래 일할 것이라고 생각했는데 오히려 손님처럼 잠시 왔다 레슨만 하고 가는 강사를 많이 보았습니다. 일할 때 가장 중요한 것이 책임감과 주인의식이라고 생각합니다. 여러 강사들에게 일을 잘 분배해야 하고 학원의 크고 작은 일들을 함께 나누어 하는 것이 중요합니다. 이렇게 다 같이 일을 함으로써 학원에 대한 애착심과 책임감 및 주인의식이 생겨 더욱 마음을 다하여 일을 하게 되는 것을 볼 수 있었습니다. 물론 원장도 함께 강사들과 어우러져서 일을 하는 것이 중요합니다.

음악학원의 입지 조건

　20년 전 첫 학원은 초등학교에서 멀리 떨어진 주택가에 있는 단독 상가였습니다. 아이들이 학교에 가는 길목에 있어 단번에 원생들이 많이 모일 것 같았습니다. 주택 골목마다 전단지를 돌리고 현수막을 내걸고 열심히 홍보를 했지만 몇 년 동안 원생이 별로 모이지 않았습니다. 위치를 잘못 택했나? 후회를 한 적도 있었지만 여기서 물러서기에는 너무 속상했습니다. 열심히 노력해서 70~80명의 원생을 확보한 동네 최고의 학원이 되기는 했지만 그만큼 힘들었던 것은 사실입니다.

　음악학원의 입지조건은 위치, 자원, 학원을 유지하기 위한 비용, 주변 환경 등 여러 가지가 있습니다. 그 중에서도 위치에 대해 이야기하면 크게 두 가지로 나눌 수 있습니다.

1. 아파트 상가

　보증금과 월세가 비싸긴 하지만 열심히 해서 소문만 잘나면 원생모집은 수월하게 할 수 있습니다. 특히 피아노학원 외에 태권도, 미술, 영어, 수학 등의 학원이 있으면 시너지 효과를 기대할 수 있어 더욱 효과적입니다. 그러나 상가 안에 음악학원이 여러 개일 가능성이 있기 때문에 이럴 경우 경쟁에서 살아남기 위해 성공적인 경영 전략이 뒷받침되어야 합니다.

2. 주택가

아파트 상가에 비해 보증금과 월세가 저렴하긴 하지만 아이들을 모으는데 더 많은 시간과 노력이 필요하고, 차량 운행 또한 필수로 해야 합니다. 학부모가 아이들의 안전을 우선시 하다 보니 차량으로 등원하는 주택가 상가보다 가까운 거리에 걸어갈 수 있는 아파트 상가를 선호하는 경향이 있습니다.

음악학원을 두 곳에서 모두 경영해 본 저로서는 초기비용이 많이 들더라도 아파트 상가를 추천하고 싶습니다. 초기비용을 제외한 나머지 조건이 동일하다면 아파트 상가가 원생을 모으는데 훨씬 유리하기 때문입니다. 물론 입지 조건만으로 학원이 잘 되길 기대하는 것은 무리입니다. 가장 중요한 것은 '**원장이 어떻게 학원을 운영하는가**' 입니다.

원장의 마음가짐

1. 단정한 옷차림과 메이크업

원장은 항상 준비된 단정한 복장과 메이크업으로 출근해야 합니다. 이러한 준비는 우리 학원의 최고 고객인 원생들과 언제 올지 모르는 학부모를 위한 배려입니다.

'나는 옷과 메이크업에 관심 없어. 아이들만 잘 가르치면 되지 뭐 하러 이런 데까지 신경을 써?'

라고 생각하는 원장님도 있을 겁니다. 그러나 단정한 옷차림과 메이크업은 준비된 상담을 위한 필수 조건입니다. 단정하고 깔끔한 복장과 메이크업은 원생과 학부모가 원장의 얼굴에서 신뢰감을 얻을 수 있게 도움을 줍니다. 또한 상담에서도 자신감 있게 응할 수 있습니다. 언제 어느 때든 상담에 임할 준비가 되어 있어야 합니다.

2. 최고의 교육서비스 제공

깨끗한 시설과 인테리어는 상담 온 학부모와 아이에게는 좋은 학원이라는 첫인상을 남기며, 다니고 있는 원생들에게는 자긍심을 심어 줍니다.

학원을 확장 이전하면서 기존의 인테리어와는 차별성이 있는 새로운 인테리어를 구상하게 되었습니다. 아이들이 학원에 왔을 때

"우와~! 우리 학원 너무 예쁘고 좋다."

"이 학원 다니고 싶어!"

라는 말이 나오게 하는 것이 목표였습니다. 그래서 이런저런 고민을 많이 하여 인테리어를 했습니다. 아이들은 물론 학부모들도 매우 만족해하였습니다.

좋은 분위기를 만들기 위해서는 학원의 여러 가지 문제점을 보완할 수 있어야 합니다. 인테리어, 시설비품, 프로그램, 원생관리법, 운영법 등 모든 것을 점검해 보고 하나씩 바꾸어 나가야 합니다. 또한 아이들이 쾌적한 환경에서 수업을 받을 수 있도록 항상 신경을 써야합니다. 소독용 알코올로 건반 닦기, 손잡이·유리 문·책상 위·피아노 위의 먼지 제거, 냉·난방기의 주기적인 청소, 피아노 조율 및 교체 등 세심하게 관리를 해야 합니다. 이렇게 관리함으로써 깨끗하고 쾌적한 환경에서 강사는 가르치고 학생은 제대로 수업을 받을 수 있습니다. 노후한 시설은 관리해주어야 합니다. 특히 조율에 신경을 써야 합니다. 소리가 이상한 피아노로는 연습하기 꺼려해 할 뿐만 아니라 창고처럼 사용 중인 연습실도 아이들이 싫어하는 방 중의 하나입니다. 아이들이니까 모를 거라 생각하고 대충대충 관리하다 보면 어느새 원생이 줄어든 학원의 모습을 보게 될 것입니다.

3. 배움의 열정과 소통

원장의 첫인상이 학원의 얼굴이듯 원장의 배움에 대한 열정이 학원의 실력입니다. 원장이 배움의 열정을 갖고 있다면 분명 이 열정은 강사들에게도 퍼져 나갑니다. 원장과 강사가 열정이 있는 학원은 성장할 수밖에 없습니다.

'내가 전공자인데 뭘 더 배워?'

라고 생각하는 원장님들이 있을 수 있습니다. 그러나 주위를 둘러보면 배워야 할 많은 것들이 더 있음을 발견하게 됩니다. 특히 요즘 아이들은 음악을 접할 때 특별한 하나의 악기만을 고집하지 않습니다. 피아노, 현악기, 관악기뿐만 아니라 전기기타나 드럼까지 두루 접하는 경우가 많고, 또 음악을 접하는 목적도 전공 여부, EQ 개발, 취미 등 여러 가지입니다. 따라서 이러한 음악을 배우는 다양한 목적과 악기에 대해 어느 정도는 알고 있어야 원생과 학부모들의 기대치에 부응할 수 있습니다.

우리 학원의 경우 저와 강사들 모두는 지금도 계속해서 반주법과 재즈화성학을 배우고 있고, 이외에 우쿨렐레 지도자 자격증, 음악 논술 지도자 자격증, 통합 융합 예술 지도자 자격증, 창의두뇌 음악 보드게임 자격증 등을 가지고 있습니다.

배움의 열정은 결국 아이들에게 다양한 교육 서비스로 돌아가게 됩니다. 그러면 아이들이 학원 다니는 게 좋아질 수밖에 없습니다. 원생 수도 당연히 많아지게 됩니다.

4. 자신의 자리 지키기

원장이 자기 자리를 지키고 책임감 있게 일을 해낼 때 강사들도 열심히 일을 하게 됩니다. 배움의 열정이 퍼지는 것처럼 자리를 비우는 것도 강사들에게 퍼져 나갑니다.

한창 배움의 길을 걷던 대학시절, 철저히 준비된 커리큘럼에 따라 정해진 시간에 교수님으로부터 배웠던 수업시간과, 어떤 이유에서건 자주 휴강을 했던 수업시간과 비교해 보세요. 또 가끔씩 지도교수가 바뀐다고 생각해 보세요. 어느 수업이 더욱 기억에 남으며 어느 수업에서 배운 것이 더 많은 도움이 되었나요?

아이들도 우리가 느끼는 그것을 동일하게 느낍니다. 원장이 자리를 자주 비우게 되면 강사들 중 누군가는 원장의 빈자리를 대신할 것입니다. 그러나 기억하세요! **원장의 빈자리를 온전히 대신할 수 있는 강사는 없습니다.** 직무 대리는 말 그대로 대리일 뿐입니다. 또한 감독자가 없는 강사들은 느슨해지기 마련입니다. 강사들이 느슨해지면 열심히 배우려고 하는 아이들에게 그 피해가 고스란히 돌아가게 됩니다. 그러면 결국 학부모들도 알게 돼 학원에 대한 믿음과 신뢰가 깨질 수밖에 없습니다. **원장이 자리를 지키지 않는 학원은 성공하기 어렵습니다. 주인이 없는 집이나 마찬가지니까요.**

5. 프로가 되기

'프로'하면 가장 먼저 생각나는 단어가 바로 인내와 극복입니다. 성경 말씀에 '눈물 흘리며 씨를 뿌리는 자는 기쁨으로 단을 거두리로다'라는 구절이 있습니다. 어렵고 힘든 일을 견디고 극복할 때 비로소 만족한 웃음을 짓는 날이 온다는 것입니다. 성공한 사람은 어렵고 힘든 일을 견디고 극복했기 때문에 그 분야에서 성공한 웃음을 지을 수 있습니다.

'어떻게 해야 이 동네에서 성공할 수 있을까? 좋은 학원으로 만들려면 무엇을 해야 할까?'

원장이라면 누구나 이런 고민과 생각을 갖기 마련입니다. 하루에도 수십 개의 학원이 오픈하고, 문을 닫는 시대에 경쟁력을 쌓기 위해 필요한 것은 **체계적인 프로그램과 전문성**입니다. 즉, 체계적인 프로그램과 전문성을 가진 학원이 경쟁력 있는 학원이며 그 학원의 원장이 프로입니다.

프로의 사전적 의미는 어떤 일을 전문으로 하거나 그런 지식이나 기술을 가진 사람, 또는 직업 선수, 전문가입니다. 이런 사전적인 의미가 아니더라도 원장님들은 프로와 아마추어에 대해 모두 알고 있으리라 생각합니다. 아마추어는 적당하게 일하고 적당하게 벌면 된다고 생각하기 때문에 현재에 안주하는 경향이 있고, 노력과 도전과 투자를 하지 않으려 합니다.

세계적인 경영 사상가이며 마케팅 전문가인 말콤 글레드웰은,

"어떤 천재도 타고난 재능으로 모든 것을 할 수 있는 것이 아니라, 시간의 투자와 노력을 통해 훈련하고 연습한다"

라고 하였습니다.

프로는 학원을 보는 눈이 다릅니다. 현재 자신의 학원을 한번 살펴보고, '어떻게 하면 학원을 더 잘 운영할 수 있을까?' 항상 고민하고, 부족한 부분을 파악하여 보완하기 위한 방법과 계획을 세웁니다. 계획된 방법대로 해보고 장·단점을 잘 파악하여 학원에 맞는 성공 프로그램을 만들어 나갑니다. 다른 학원의 성공사례에 귀를 기울이는 것, 이렇게 원장님들과 제가 함께 이야기를 나누는 것 모두 프로가 되기 위한 노력 중 하나입니다. 또한 학원 사업은 혼자 하는 것이 아닙니다. 좋은 강사들과의 협력이 꼭 필요합니다. 혼자서는 프로가 될 수 없으며 프로 원장 곁에 프로 강사가 있기 마련입니다. 프로 원장은 학원을 위해 도전하고 투자하는 것을 아끼지 않고 감사하며 즐겁게 일하는 원장입니다.

6. 강사들과의 소통

학원의 또 다른 성공 요인은 바로 강사와의 소통입니다. 원장은 강사와의 신뢰를 바탕으로 일을 맡기고, 강사는 원장을 존경하고 따르며 책임감 있게 일하는 학원이 되어야 합니다. 사람의 마음을 얻는다는 것은 참 어려운 일이지만 내가 인정받고 싶은 마음처럼 강사를 대하면 자연스럽게 인정받게 됩니다. 강사의 마음을 읽지 못하면 아이들의 마음도 읽을 수 없습니다. 원장이 강사와 소통하지 못하면 그 피해는 아이들에게 고스란히 돌아가게 됩니다. 강사가 원장에게 받은 스트레스로 인해 아이들이 강사에게서 사랑을 받지 못하거나 레슨을 대충 받을 수도 있는 것입니다.

강사들은 저마다 달란트(재능)가 있습니다. 원장이 각 강사들의 장점과 잘 할 수

있는 일을 정확하게 파악하여 강사가 자신의 역량을 최대한 발휘할 수 있도록 기회를 제공할 때 강사는 즐겁게 일할 수 있으며 학원의 분위기도 밝아져 아이들도 좋아합니다.

우리 학원은 원장과 강사들 간의 화합을 위해 직급에 관계없이 서로 같은 일을 하고, 세미나를 통해 같이 배우며, 생일파티 및 회식도 자주합니다. 업무 효율을 위해 카카오톡 대화방과 업무 일지를 따로 만들어 하루에 일어난 일을 쉽게 공유하고 있습니다. 이렇게 하면 실시간으로 서로 전달사항을 확인할 수 있고 원생들의 변경된 일정을 공유함으로 원활한 수업을 할 수 있습니다.

예를 들어 아이가 아파서 학원에 못 온다든지, 피아노 수업 후 태권도학원에 보내달라고 학부모께 전달을 받으면 즉시 대화방에 올려 모든 교사가 공유함으로 원생 관리가 수월해질 수 있습니다.

7. 주기적인 학원 프로그램 보완

새로운 특강 프로그램을 도입하여 아이들의 마음을 사로잡아야 합니다.

학원 다니는 것이 즐거워야 하는데 매일 피아노만 치는 것이 얼마나 힘들고 지루할까요? 우리 학원에서는 아이들을 위해 다른 학원에서는 한 번도 한 적이 없는 새로운 특강 프로그램을 도입하였습니다. 새로운 프로그램의 도입은 원장과 강사 모두에게 신경 쓰이는 힘든 일이지만 아이들의 즐거움을 위해 꼭 해야만 하는 것입니다.

원장과 강사들은 새로운 프로그램을 위한 회의를 통해 계획안을 잡고 여러 번의 모의수업을 통해 준비합니다. 수업이 획기적이고 즐겁기 때문에 재미있는 특강으로 소문이 나서 등록하러 오는 분들도 많아졌습니다.

초등학생은 초등 전문 프로그램으로, 유치부는 유아 전문 프로그램을 도입하여 아이들의 연령별 성향과 특성에 맞는 수업을 함으로써 더욱 즐겁고 체계적인 특별한 수업을 할 수 있습니다. 초등부, 유치부 분리 수업으로 특강 프로그램을 도입하였더니 아이들이 너무 즐거워하고 특강하는 날을 손꼽아 기다릴 정도로 반응이 뜨겁습니다.

수요일마다 들리는 아이들의 노래와 악기 소리 등 다양한 프로그램으로 수업하는 것이 너무 맘에 들었다며 등록한 학부모도 있었습니다. 또 한 번은 특강하는 날 조금

늦었다고 울면서 들어오는 여자 아이도 있었습니다. 이럴 때는 좋은 프로그램 도입하길 잘했다는 생각이 듭니다. 저학년 아이들의 대부분은 특강 수업하는 날 아침부터 설레는 마음으로 학원 오는 시간만 기다린다고 합니다.

학원 홍보

1. 현수막

현수막은 학원 상가에서 가장 눈에 잘 띄는 곳에 설치해 많은 사람들이 볼 수 있게 하는 것이 좋습니다. 그러나 공동 상가일 경우에는 상가 회칙을 잘 숙지하거나 상가 회장께 문의 후 설치하는 것이 추후 분란을 막을 수 있습니다.

현수막에는 우리 학원의 특별한 프로그램, 피아노 외 악기 등 다른 학원과 차별화 되는 것이 있으면 그 내용을 집중적으로 부각시켜야 합니다. 같은 현수막을 너무 오래 달아놓는 것보다는 주기적으로 다른 문구로 바꾸는 게 좋으며 콩쿠르에 참가했을 경우는 입상자 명단이나 사진을 올려서 홍보하는 것이 좋습니다.

주기적으로 다양한 내용으로 바꿔주면 열심히 노력하고 발전하는 학원으로 인식이 되어 홍보에 많은 도움이 됩니다.

2. 학교, 유치원 앞 홍보

신학기가 되면 신입생 모집을 위해 학교나 유치원 앞에 많은 학원들이 홍보를 나옵니다. 너무 많은 학원에서 여러 가지 홍보물을 나눠 주다보니 학부모들이 부담스러워 홍보물 받길 귀찮아합니다. 그래서 예비소집일에 학교 정문과 조금 떨어진, 학원으로 오는 길목에 강사들을 동원하여 홍보를 나갑니다. 학원은 원장 혼자서 하는 곳이 아니기 때문에 강사들의 인상도 매우 중요합니다. 또한 신입생 준비물을 미리 알아본 후 보조 가방에 전단지와 신학기 준비물을 넣어 홍보를 하면 학부모들이 서로 받아가려고 합니다. 때문에 다른 학원들보다 홍보물을 더 빨리 돌릴 수 있고 홍보효과도 정말 좋았습니다.

3. 전단지

▲ 전단지

학원을 오픈하고 가장 먼저 하는 홍보가 바로 전단지 돌리는 것입니다. 전단지는 우리 동네에 내 학원을 소개하는 것이므로 학원의 장점을 적고 단순하면서도 세련되게 만드는 것이 좋습니다. 많은 문구가 들어간다고 해서 다 읽어보는 것은 아니며 오히려 전단지가 복잡해서 읽기 싫어질 수도 있습니다. 전단지를 보고 학원에 상담을 받으러 방문하게끔 만드는 것이 가장 중요합니다. 전단지를 보고 상담 차 내방했을 때 원장의 상담 내용이 좋으면 바로 등록으로 이어지기 때문에 전단지는 간단하고 명료한 문구와 디자인이어야 합니다. 요즘에는 동네마다 전단지 배포 업체가 있기 때문에 업체를 정해놓고 주기적으로 전단지를 배포하면 쉽습니다. 학원이 잘되어도 주기적인 홍보는 필수입니다.

4. 달란트 통장

상담할 때 아이에게 달란트 통장에 대해 이야기하고 간식장도 보여주면 그 마음은 이미 우리 학원으로 정해집니다. 기존의 원생들은 달란트 보상으로 더욱 열심히 노력하게 되고 특히 말썽꾸러기 아이들을 잠재우는 특효약이 될 수 있습니다.

다른 학원에 다니고 있던 원생이 몇 주 동안 엄마를 졸라 등록하러 왔는데, 이유인즉 달란트 통장과 맛있는 간식 때문이었답니다. 아이들에게 달콤한 보상은 열심히 배우게 하는 동기 유발에 많은 도움이 됩니다.

▲ 간식장

 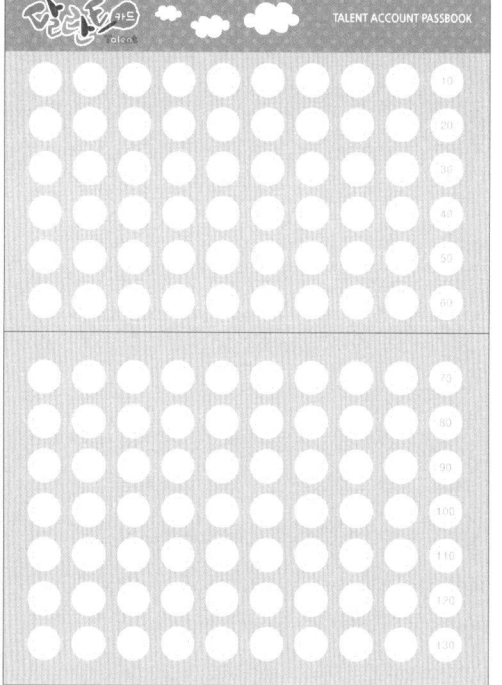

▲ 달란트 통장

- 달란트 통장에 매일 사인 1개
- 콩쿠르 준비하면 매일 사인 2개
- 이론교재 진급하면 사인 5개
- 레슨교재 진급하면 사인 10개
- 생일 땐 사인 10개
- 방학 동안 한 번도 결석 안 하면 사인 50개

사인이 10개씩 모일 때마다 간식 1개씩 고르게 하여 바로 보상을 해줍니다. 어떤 똑똑한(?) 아이는 달란트 통장에 사인을 빨리 채우고 싶어 다른 선생님들께 중복해서 받는 경우도 있습니다. 달란트 통장에 사인을 할 때에는 날짜를 쓰고 사인을 해야 아이들이 다른 선생님께 중복해서 받는 일이 없으니 참고하시기 바랍니다.

5. SNS 광고

SNS 광고는 어떤 것들이 있을까요? 밴드, 카카오스토리, 페이스북, 블로그 등으로 학원홍보를 할 수 있습니다. 우리 학원은 카카오스토리로 하고 있는데 수업하는 사진, 동영상, 음악 교육 홍보물, 학원에서 일어난 즐거운 일 등을 올립니다. 처음에는 너무 공개하는 것 같아 망설임도 있었지만 학부모들의 반응이 좋더라구요. 특히 콩쿠르에 입상하거나 학원을 빛낸 아이들을 업로드하니 부모님들끼리 공유도 하면서 간접적인 홍보효과가 컸습니다.

6. 시범수업

유치부나 초등부의 특별한 프로그램 수업을 한번 받아보고 등록을 결정할 수 있도록 시범수업을 참여하게 하는 것도 좋습니다. 소심한 아이의 경우 학원 다니는 것을 두려워하거나 조심스러워 할 때가 종종 있는데, 재미있고 즐거운 특강수업을 한번 참여해보고 결정을 하게 했더니 아이가 너무 즐거워하여 바로 등록을 했던 경험도 있습니다.

성공적인 학부모 상담

'학부모들의 마음을 사로잡을 수 있도록 상담을 잘 하면 얼마나 좋을까?'

원장님들 누구나 같은 생각일 겁니다. 저 또한 상담을 잘하고 싶은 마음이 간절했기 때문에 그 내용과 방법에 대해 많은 고민과 시도를 했습니다. 많은 노력 끝에 얻어낸 비법을 소개하고자 합니다.

잘되는 사업장을 보면 문을 열고 들어가는 순간, '음~ 여기는 손님 많겠다.' 또는 '잘 안 되는 곳인 것 같다.'라는 느낌이 듭니다. 학원도 마찬가지로 첫 인상이 중요합니다. 원생이 많고 운영이 잘되는 학원이 되려면 문 열고 들어가는 순간부터 기분이 좋아져야 합니다. 정리 정돈이 잘된 깔끔한 이미지와 아이들이 즐겁게 수업하는 분위기, 선생님들의 밝은 얼굴, 원장의 온화한 미소 등을 보면 상담하러 오는 학부모의 마음이 반 이상 열립니다. 그 다음 원장의 준비된 상담으로 학부모의 마음을 사로잡는다면 상담은 100% 성공합니다.

저 또한 처음부터 상담을 체계적으로 한 것은 아니었습니다. 처음 학원을 오픈했을 때는 상담을 받고 등록하는 학부모가 반 정도밖에 되지 않았어요. 나름 열심히 한다고 했는데 결국 학부모들의 마음을 다 사로잡을 순 없었던 거죠. 왜냐하면 피아노학원에서 피아노를 잘 가르쳐 준다고 하면 되지 다른 게 뭐가 더 있어야 하는지를 생각해 보지 않았기 때문입니다. 이러한 상담 방식은 피아노를 잘 가르치고 싶다는 생각을 하는 학부모에게만 통하는 것입니다. 피아노를 잘 배우는 것은 당연하고 이 외에 뭔가 특별한 학원에 보내고 싶어 하는 학부모의 마음을 헤아리지 못했던 것이죠.

아이를 낳고 두 번째 학원을 오픈했을 때, '학원에 상담 오는 학부모의 마음을 사로잡아야겠다.'라고 다짐을 하고 준비를 했습니다. 어떤 유형의 학부모가 와도 이에 맞는 상담을 하기 위해서는 체계적이고 유연성 있는 상담이 꼭 필요하다고 생각했습니다.

학부모들 중 가장 기억에 남는 분이 있습니다. 들어오는 순간부터 범상치 않은 옷차림과 모자, 선글라스에 대단한 포스가 느껴졌지요. 순간 당황했지만 마음을 다잡고
"어머님, 상담 받으러 오셨군요. 여기 편하게 앉으세요."
라고 응대했습니다.
'이 원장이 얼마만큼 잘하는지 한번 보자.'
하는 마음이 엿보이는, 거만한 자세로 앉은 어머니는 이미 다른 학원을 다 돌고는 맘에 드는 곳이 없어 속상한 상태였던가 봅니다.
"원장님, 저는 피아노에 대해 아무것도 모르니까 한번 알아서 상담해 보세요."
라고 하는데
'아! 됐구나. 그 동안 내가 준비한 상담법을 테스트할 좋은 기회가 왔다.'
라는 생각이 들었습니다.
"어머니, 제가 어머니의 답답하고 궁금한 것들을 다 해결해 드릴게요."
라고 말머리를 열고 열심히 상담을 하고 있는데 어머니께서 갑자기 제 얼굴을 빤히 쳐다보며
"원장님, 상담하는 거 어디서 배우셨어요? 제가 피아노에 대해 너무 모르다보니 뭐가 궁금한지 몰랐는데 다른 학원에서는 자꾸 궁금한 점 있으면 물어보라고 해서 너무 답답했어요. 뭘 알아야 물어보죠? 원장님 말씀을 듣다보니 속이 다 시원해졌네요. 학원도 너무 좋고 체계적으로 잘 짜여진 프로그램도 있고 선생님들도 많아서 좋습니다.

진짜 상담 너무 잘하시네요. 이 동네 피아노학원을 다 돌아 다녀봤지만 맘에 드는 데가 없어서 너무 속상했는데 이제는 제가 원하는 학원을 찾은 거 같아서 너무 좋네요. 여기에 우리 아이들 둘 다 보내겠습니다."

라고 하시며 아이 둘을 등록하고 가셨습니다.

그 순간은 제가 평생 잊지 못할 순간이 되었습니다. 학부모에게서 상담을 인정받고 나니 이제부터는 어떤 유형의 학부모가 와도 두려울 게 없다는 자신감이 생기더군요.

또 한 번은, 몇 번 상담을 받으러 왔으나 등록하지 않고 계속 고민 중인 어머님이 있었습니다. 마지막으로 한 번 더 상담 받길 원하셔서 상담을 시작했습니다. 상담지 순서에 따라 차근히 설명하고, 마지막으로 학원 보낼 때 주의사항을 말씀드리고 나니 이 어머님께서

"원장님, 〈어쩌다 어른〉 나가도 될 것 같아요. 너무 속 시원하게 상담을 잘 해주셔서 감사합니다."

라고 하시며 등록하고 가셨습니다.

학부모의 마음을 사로잡는 상담은 그 어떤 광고보다도 효과가 좋습니다. 그러므로 우리 학원만의 체계적인 상담법을 만들어 상담지를 옆에 놓고 상담을 해야 합니다. 또한 상담을 할 때는 일관성 있게 하여 믿음과 신뢰를 주어야 합니다. 원장의 컨디션에 따라 달라지는 상담이 아니라 내용과 순서에 맞게 체계적인 상담을 함으로써 학부모의 마음을 사로잡아야 합니다.

다음과 같은 순서대로 상담을 하고 2, 3번의 내용은 상담지에 적지 말고 직접 외우는 게 좋습니다.

1. 피아노를 왜 배워야 하는지를 부모님이 알아야 합니다.

"피아노를 배우면 스트레스 해소와 뇌 발달은 물론이고 창의력, 표현력, 자신감 등 세련된 예술적 감각을 키우게 되고, 지적이고 매력적인 사람으로 만들어 행복한 삶을 누리게 된답니다. 그래서 ○○(이)의 행복한 삶을 위해 가르치는 교양과목이라고 생각하세요."

이 말은 서울대학교 의학박사인 정진우 교수의 말입니다. 그래서 피아노는 잠시 배우다 그만두는 악기가 아닌 평생의 동반자로 생각해야 한다고 했습니다.

2. 피아노를 배우는 과정

즐거움과 설렘 → 슬럼프 → 인내와 극복 → 보상의 시기 → 행복과 즐거움

처음 학원에 다니면 몇 달간은 너무 즐거워합니다. 바로 즐거움과 설렘의 시기입니다. 그리고 좀 시간이 지나면서 어렵다, 힘들다, 지루하다 등의 이유로 학원에 오기 싫어합니다. 하지만 이 시기 부모님의 대처 방법에 따라 아이가 피아노를 계속 배워서 행복한 삶을 누릴 수도 있고, 포기할 수도 있습니다. 포기한 아이들은 중·고등학교에 가서 후회하는 경우를 많이 보았습니다.

얼마 전 방학 때 중학생이 등록했습니다. 음악시간에 배우는 이론이 너무 어려워 피아노를 다시 배워야겠다는 절실한 마음이 들어 온 거라고 하더군요.

"예전에 어디까지 배웠니?"

라고 물으니 머뭇거리며

"저... 바이엘 3권 치다가 말았어요."

"그래? 바이엘은 다 배우고 그만두지 왜 3권 치다가 말았어?"

라고 물으니

"피아노를 배우는 게 너무 재미가 없고 놀고 싶어서 엄마한테 그만 다니고 싶다고 했더니 엄마가 하기 싫으면 그만 다니라고 하셔서 바이엘 3권 치다가 말았어요."

지금은 그때 계속 배우라고 말해 주지 않았던 엄마가 원망스럽다고 하더군요. 중학교에 가보니 이론도 너무 어렵고 수행평가도 있고, 피아노를 꼭 배워야겠다는 생각이 들어서 왔다고 하며 혹시 자기와 같은 아이들이 있으면 절대 피아노를 그만두지 않게 얘기 해달라고 하더군요.

아이가 슬럼프를 잘 극복하고 나면 연주회나 콩쿠르에서 상을 받음으로써 자신감과 성취감을 보상으로 받게 됩니다. 드디어 행복의 시기가 다가오는 거죠. 피아노를 치면서 스트레스를 해소하는 즐거움의 시기죠. 이 시기는 대부분 고학년 때 오기 때문에 그때까지 다니는 것이 좋습니다. 아이가 꾸준히 피아노를 다닐 수 있도록 꼭 도와주세요.

6세 때부터 꾸준히 피아노학원을 다닌 원생이 있었는데 어릴 때는 고집도 있고 자

기주장도 강해서 보통의 아이들과는 조금 달랐습니다. 그래서 슬럼프 시기에 다른 아이들보다 힘들었고 학원에 가기 싫다고 떼쓰고 운 적이 여러 번 있었죠. 그런데 이 원생의 어머니는 이럴 때마다

"안 된다. 힘들어도 참고 해야지. 힘들 때 그만두면 다시 시작하는 건 더 어렵기 때문에 견뎌야 한다."

라고 아이에게 늘 말씀하셨습니다. 아이가 너무 힘들어하고 피아노 치는 걸 싫어해서 저 또한 조금만 쉬었다가 와도 될 것 같다고 할 정도였습니다. 어머니의 도움으로 아이를 달래가면서 칭찬도 많이 하며 참고 가르쳤더니 아이가 점점 나아지는 게 보였습니다.

"○○아, 너 콩쿠르 나가면 좋겠다. 요즘 실력도 많이 늘고 너무 잘 따라하는데."

아이가 초등학교 2학년이라 너무 어렵지 않은 곡으로 콩쿠르를 준비시켰습니다. 콩쿠르에서 상을 받겠다는 목표가 생기니 훨씬 더 몰입해서 연습을 하고 나중에 상을 받고나더니 그때부터 아이의 생각과 태도가 완전히 달라졌습니다.

힘들었지만 드레스 입고 연주하고 상도 받으니 너무 좋았고, 또 콩쿠르에 나가고 싶다고 하더군요. '하면 된다, 할 수 있다'라는 긍정적인 마인드로 완전히 바뀌었습니다. 지금은 중학생인데 피아노학원에서 인내심을 가지고 연습하는 걸 배워 공부가 힘들어도 연습할 때를 생각하며 이겨낸다고 하더군요. 고학년이 되면서 전교 1, 2등을 하고 있는 이 친구는 이제는 자기가 치고 싶은 곡들을 즐기면서 연주합니다.

피아노를 배우는 과정이 힘들지만 잘 견디고 극복하면 즐기면서 연주하는 날이 오고 행복감도 커지게 됩니다.

3. 학원에 보낼 때 이런 점은 주의해주세요.

① 피아노를 배우는 것은 어렵기 때문에 아이의 자질과 재능에 따라 많은 차이가 납니다. 그러니 다른 아이와 비교하는 것은 내 아이에게 엄청난 스트레스를 줄 수도 있습니다. 스트레스를 풀러왔다가 오히려 피아노를 싫어하게 되는 수가 있어요.

② 레슨교재 진급했다고 전에 배웠던 책을 집에서 쳐보라고 하면 잘 치는 아이는 거의 없습니다. 처음보다 악보를 보고 이해하는 폭이 넓어져 다음 단계를 배울 수 있을 만큼이나 실력이 자랐다는 증거이므로 잘했다고 칭찬해주세요.

③ 결석을 자주하면 피아노에 흥미를 잃어 음악의 즐거움을 맛보기도 전에 포기하

게 될 수 있으니 유의해주세요.

④ 레슨 시간 중에는 전화를 받기 어려우니 문자나 카톡으로 연락주시고 부득이한 경우에만 학원으로 전화해주세요.

⑤ 레슨비 결제일 며칠 전에 교육비 문자를 보낼 거예요. 학원 운영에 지장이 없도록 날짜를 지켜서 보내주세요.

⑥ 학원의 안내문들은 문자로 보내드려요. 꼭 읽어주세요.

학원을 보내고 한 달 정도가 되면 학부모가 아이에게 꼭 하는 말이 있습니다.

"너 양손으로 언제 치니?"

그래서 요즘 바이엘은 처음부터 양손연습을 할 수 있게 나오죠. 또 레슨교재를 다 배우고 집으로 돌려보내면

"너 배운 거 한번 쭈~~욱 쳐봐라."

아이가 더듬더듬 제대로 연주하는 곡이 없으면 부모님은 돈 주고 가르쳤더니 이것밖에 못하냐고 아이를 야단치거나 학원까지 찾아와 불만을 토로하는 경우가 있습니다. 이때 원장님들 너무 당황스럽죠? 저도 초보 원장일 때는 이런 학부모들이 너무 힘들고 두려웠습니다. 이러한 이유로 학원을 그만두는 경우도 있었습니다. 그러나 지금은 다음과 같이 말합니다.

"어머님이 속상해 하시는 건 이해가 가요. 그러나 아이들이 아직 어리기 때문에 새로운 것을 배워서 완벽히 이해하기는 어렵답니다. 어머님도 예전에 배웠던 수학공식 많이 잊어버렸죠? 학년이 바뀔 때마다 배웠던 교과목 테스트를 하는데 100점 맞는 아이들보다는 그렇지 않는 아이들이 더 많아요. 마찬가지로 피아노도 배운 것을 계속 연습하지 않으면 잊어버린답니다. 진급했다는 것은 독보력, 테크닉, 연주 실력이 많이 좋아져서 다음 단계로 넘어가도 될 만큼 실력이 늘었다는 것이므로 칭찬과 격려를 해주어야 합니다. 어머님이 원하시는 피아노 연주 실력은 좀 더 기다리면 연주회나 콩쿠르 때 보여드릴게요."

이렇게 말씀 드리니 대부분의 어머님들이 이해하고 돌아가셨습니다.

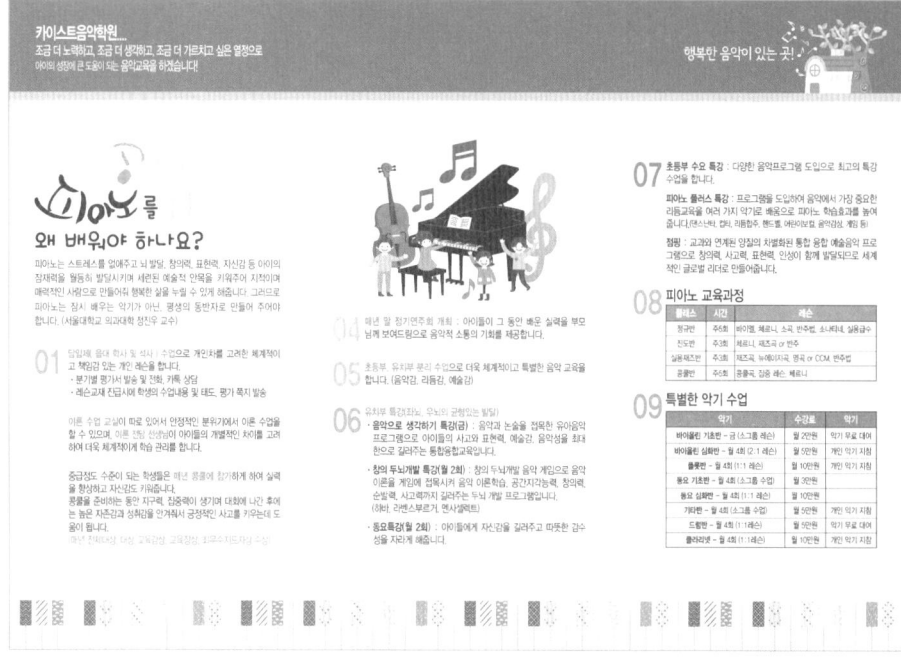

▲ 상담지

원생 수에 따라 다른 교수법과 운영법

학원은 원생들이 많기 때문에 아이들을 잘 가르치는 교수법과 레슨방법이 무척이나 중요합니다. 개인 레슨처럼 수업했다가는 아이들이 엄청 줄 서 있을 겁니다. 그렇다고 대충 가르칠 수는 없고 어떻게 해야 할까요?

단시간에 포인트를 집어서 안 되는 부분을 집중적으로 레슨하는 방법이 가장 좋겠죠? 처음부터 끝까지 여러 번 레슨 할 시간이 없기 때문에 한 번 레슨할 때 안 되는 부분을 미리 체크를 해서 그 부분만 여러 번 연습을 시키는 것이 가장 좋습니다. 또한 기초부터 꼼꼼히 잘 가르치는 학원이 되어야 합니다. 아이들이 어려 가르쳐줘도 모를 거라는 생각에 레슨을 대충하면 안 됩니다. 아이들이 어리기 때문에 연주하는 손 모양을 보여주면 금방 잘 따라합니다. 그래서 바이엘 과정에서는 놓치기 쉬운 손가락 움직임, 손가락 힘주는 포인트, 손목의 각도, 쉴 때는 박의 수에 따라 정확한 위치에서 손목 들어주기 등 꼼꼼하게 가르쳐야 합니다. 이렇게 하면 아이들이 체르니에 들어가서도 테크닉을 잘 따라하고 특히 콩쿠르 곡을 준비할 때 빛을 발하게 됩니다.

아이들이 많은 학원에서는 우리 학원만의 교수법, 표기법 등의 공통된 레슨 방법이 있어야 합니다. 이렇게 하면 많은 아이들을 효율적으로 레슨할 수 있게 되며 누가 레슨을 하더라도 교재에 표기된 내용을 보면 어떻게, 어느 정도 가르쳤는지 알 수 있기 때문에 강사가 바뀌더라도 아이의 실력을 잘 파악하여 레슨할 수 있습니다.

1. 원장 레슨

원장이 직접 레슨을 하기 때문에 꼼꼼하고 체계적으로 잘 가르칠 거라는 믿음과 신뢰가 있어 좋지만 아이들이 많은 학원에서 원장 혼자 레슨하는 것은 어려운 일입니다.

2. 공동 레슨

강사 여러 명이 아이들을 공동으로 레슨하는 방법으로 원생이 50~60명 정도일 때는 괜찮지만 조금 더 성장하기 위해서는 반드시 바꾸어야 합니다. 강사가 아이들에 대한 책임감이 적기 때문에 관심 밖으로 밀려나는 아이가 생기고 강사의 자질에 따라 레슨하는 방법과 속도가 다르기 때문에 서로 불만이 생길 수 있습니다. 아이들 또한 누군가 관심을 가져주는 선생님이 딱히 없으면 마음을 열기 어렵습니다.

우리 학원도 처음에는 공동 레슨을 했는데 아이들이 많이 몰리는 바쁜 시간에 레슨하기 힘든 아이들은 대충하고, 일부러 다른 아이들을 레슨하는 경우를 보았습니다. 그러다 보니 강사 수는 많은데 레슨하기 힘든 아이들은 항상 제 몫이었습니다. 원장이 레슨해야 할 아이들이 분명 있는데 어느 순간부터 레슨하기 힘든 아이들만 제가 가르치고 있는 것이었습니다. 그래서 선생님들께 각자의 임무를 정해주고 좀 더 책임감과 일관성 있는 레슨을 위해 담임제 레슨을 도입하게 되었습니다.

3. 담임제 레슨

우리 학원은 현재 담임제 레슨을 하고 있습니다. 담임제를 처음 도입할 당시 담임제 레슨으로 크게 성공한 사례가 드물어 주변의 반응이 부정적이었지만 공동 레슨의 한계를 분명 느꼈기 때문에 주위의 만류에도 불구하고 과감한 시도를 하지 않을 수 없었습니다. 아이들의 수준을 끌어올리기 위해서는 책임감과 일관성 있는 꼼꼼한 레슨이 꼭 필요하다고 생각했습니다.

학년별로 아이들을 골고루 배정하여 담임제 레슨을 도입하니 선생님들은 책임감과 일관성 있는 레슨을 할 수 있어 좋다고 하였고, 아이들은 실력도 좋아지고 안정감 있게 레슨받는 것을 느낄 수 있었습니다. 더불어 담임의 역할분담으로 원생관리가 저절로 되었습니다. 아이들도 담임 선생님과 친해지니 레슨 시간을 더 즐거워하고, 담임과 소통하게 되니 학원을 더 오래 다니는 효과가 있었습니다. 저는 담임을 따로 맡지 않고 아이들을 골고루 봐주면서 원장의 레슨 노하우를 메모해 놓으면 선생님들이 알아서 따라하는 방식이었습니다. 기초 레슨부터 손목의 각도와 움직임, 쉼표, 정확한 음의 길이, 릴렉스 표시, 음의 반복, 건너뛰기, 넘어가기 등 아이들이 알아보기 쉽게 적는 방식이었습니다. 강사들은 모두 건반을 전공했기 때문에 표기법만 봐도 레슨이 일관성 있고 체계적으로 잘 되었습니다. 또한 콩쿠르 레슨도 강사들과 함께 수월하게 준비할 수 있게 되었습니다. 그 결과 많은 아이들이 콩쿠르를 경험할 수 있게 되고, 성적도 더욱 좋아지니 잘 가르치는 학원으로 입소문이 나 아이들을 믿고 보낼 수 있는 신뢰하는 학원이 되었습니다.

담임제 수업에서 담임이 바뀌는 경우 아이들이 그만둘까 걱정되는 부분도 있었지만 학부모가 학원에 대한 믿음과 신뢰만 있다면 전혀 걱정할게 없었습니다. 담임이 개인 사정에 의해 바뀌지만 새로운 강사가 우리 학원만의 체계적인 시스템과 교수법을 일정 기간 동안 인수인계하기 때문에 수업에는 전혀 지장이 없도록 관리를 잘한다고 상담할 때 미리 말하는 것도 좋습니다.

담임이 바뀌는 반 학부모께 문자로 인사말을 다음과 같이 보냅니다.

안녕하세요.
이번에 새롭게 담임을 맡게 된 ○○○입니다. 그동안 아이들을 가르친 ○○○ 선생님과 함께 몇 주간 아이들을 레슨하고 지켜봤는데 기본적인 레슨법이 너무 좋은 학원이라는 것이 느껴졌어요. 재밌게 배우고 있는 아이들을 보니 더 책임감이 느껴졌고 마음을 다해 잘 가르쳐야겠다는 생각이 들었답니다. 저도 ○○○ 선생님의 뒤를 이어 우리 아이들이 음악학원에서 피아노를 제대로 배워 자신감을 가지고 즐겁게 연주하도록 열심히 가르치겠습니다. 아이들과 소통하는 좋은 선생님이 되겠습니다. 궁금한 점이 있으면 언제든 연락 주세요.

▲ 담임 변경 인사말

안녕하세요.

○○이 담임을 맡았던 ○○○입니다. 제가 이번 주를 마지막으로 정든 학원을 떠나게 되었어요. 그동안 우리 예쁜 아이들 믿고 맡겨 주셔서 정말 감사드립니다. 지난 몇 년간 아이들에게 큰 사랑을 받아 행복했습니다. 한 명 한 명 저에겐 너무 과분하고 예쁜 아이들이었어요. 항상 응원하고 믿어주셨던 부모님들께도 진심으로 감사드립니다. 우리 반을 새롭게 맡게 될 선생님께서도 실력은 물론이고, 마음이 따뜻하고 아이들을 진심으로 대해주시는 좋은 분이에요. 무엇보다도 카이스트를 멋지게 이끌어 가는 원장 선생님이 계시니 걱정 안해도 된답니다. 아이들을 이렇게 사랑하고 꼼꼼하게 지도하는 학원은 없을 거예요. 그동안 정말 감사했습니다.

앞으로는 새로운 담임 ○○○ 선생님께 연락하시면 됩니다. ○○○ 선생님께서 곧 연락하실 거예요. 항상 건강하시고 행복한 시간 보내길 기도할게요.

▲ 담임 선생님의 마지막 인사 문자

체계적인 원생 관리법

학원을 운영하면서 가장 중요하고 힘든 일이 원생 관리입니다. 아이들이 많은 학원에 상담 온 학부모들이 걱정하는 것 중 하나가
'내 아이를 제대로 가르치고 관심을 가져줄까?'
입니다.

기억에 남는 일화가 있습니다.
"원장님, 다 좋은데 이렇게 많은 아이들이 제대로 관리가 되겠어요?"
"어머님, 걱정 마세요. 알아서 잘 가르쳐 드릴게요."
이때만 해도 체계적으로 원생 관리를 하고 있지 않아 대충 넘어갔던 기억이 납니다. 그러나 지금은 자신 있게 말씀드릴 수 있습니다.
"어머님, 저희 학원에는 아이들이 많은 만큼 선생님들도 많이 계시기 때문에 꼼꼼한 레슨은 물론이고 관리도 체계적으로 하고 있어요."

원생은 우리 학원의 VIP고객이라고 생각해야 합니다. 신입생 등록 후 첫날 감사 문자를 보냄으로써 우리 학원에 대한 좋은 이미지를 남길 수 있습니다.

귀한 ○○○(이)를 우리 _____학원에 보내 주셔서 너무 감사드립니다. 사랑과 정성으로 최선을 다해서 잘 가르치겠습니다. 카카오스토리 친구로 등록하면 학원 소식을 볼 수 있습니다.

▲ 신입생 등록 인사말

이와 같은 원생 관리법은 원생뿐만 아니라 학부모와의 원활한 소통으로 이어집니다. 레슨교재 진급 시 평가 쪽지를 발송하는데 다른 학원과 비교하며 이런 세심한 부분들이 아이에 대한 관심으로 받아들여져 기분이 좋고 안심이 된다는 의견을 많이 받습니다. 이렇게 한 번 쌓인 믿음은 쉽게 변하지 않습니다.

또한 분기별로 문자나 전화상담, 평가서 상담 등을 통해 학부모와 소통을 해야 합니다. 유치부는 초등부보다 더 자주 수업 동영상이나 사진을 보내는 것이 좋습니다. 아이들이 아직 어리기 때문에 부모의 관심이 온통 아이들에게 있습니다. 학원에서 어떻게 수업을 받는지 너무 궁금해 하기 때문에 유치원이라고 생각될 정도로 꼼꼼하게 관리해야합니다.

핵심 정리 ❤

① 첫 수업 후 아이의 수업태도나 적응도에 대한 설명을 담임이 직접 학부모께 전화
② 한 달이 지나기 전에 수업사진 첨부 문자, 카톡 상담
③ 분기별 평가서 발송
④ 문자 또는 카톡 상담
⑤ 전화 상담
⑥ 레슨교재 진급 시 교재에 쪽지 편지 첨부
⑦ 달란트 통장으로 동기부여(날짜 쓰고 사인하기)
⑧ 결석 시 바로 연락

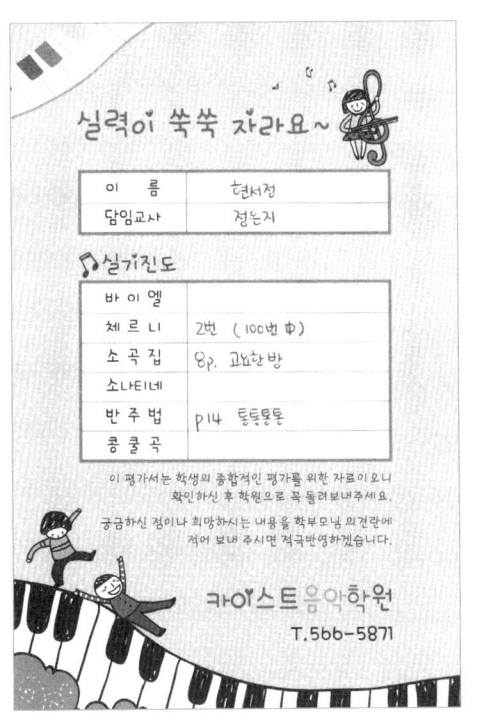
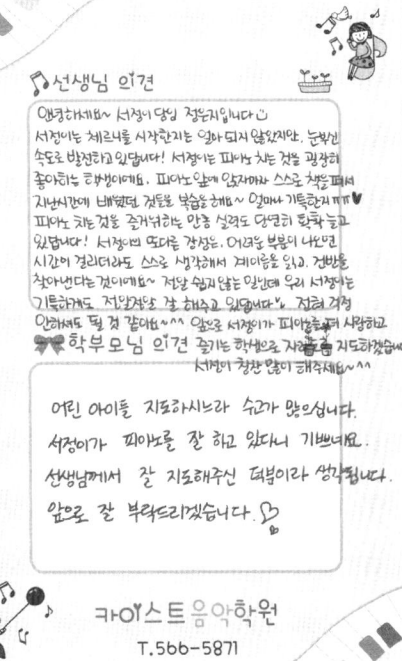

▲ 평가서

예원이 어머니 안녕하세요^^
이번달은 1학년 상담기간이랍니다~♡

예원이는 지금 체르니100에 4번 연습곡을 연습하고 있어요! 벌써 4번👍
얼마전에 예원이가 좀 힘들어한다는 얘기를 듣고 제가 더 신경쓴다고 썼는데 요즘은 어떤지 모르겠네요😂
울 예원이는 항상 차분하게 연습을 잘 해서 별로 어려워하는 것 같지 않았는데 (그만큼 또 잘 따라 했어요)
넘 의젓해서 예원이가 1학년이라는 사실을 제가 자꾸 잊어버리는 것 같아요^^;;;
아직 어린데 그죠 ㅋㅋ
앞으로도 특별히 더 신경써서 볼게요♡
예원이는 제가 특별히 아끼는 학생인거 아시지요 😌🖤

소곡집이나 반주도 어려울까봐 1줄씩 천천히 진도 나가고 있어요^^
앞으로 천천히 해도 예원인 성실하게 연습하는 학생이기 때문에 금방 실력 늘거에요.
걱정안하셔도 될 거에요~!

더 궁금하신 점 있으시면 언제든 연락 주시고 즐거운 저녁시간 보내세요^^ ♡

서연이 어머니 안녕하세요^^
이번달은 1학년 상담기간이랍니다~♡
우리 서연이는 오늘 체르니100를 시작했어요~
서연이가 얼마나 기뻐하는지😊👍
서연이가 4권 들어서 조-금 힘들어해서 일부러 조금씩 꼼꼼하게 봤었어요.
힘들단 내색 없이 얼마나 의젓하게 잘 따라와 줬는지 몰라요ㅠㅠ♡ 참 고맙답니다.
체르니도 오늘 첨 시켜봤는데, 전혀 어려워 하지 않고 잘 하더라구요^^
체르니에선 더더욱 기본적인 테크닉을 다져야 하기 때문에 혹시나 서연이가 힘들어 하지 않도록 더 신경써서 천천히 연습 시키도록 할게요~!
소곡집 반주도 함께 해서 아마 더 재미있게 피아노 칠 수 있을거에요~~
매년 늘어가는 서연이 실력 기대해 주세요!
가르치는 저도 뿌듯하고 기쁘답니다.♡
벌써 체르니 라니^^

울 서연이 칭찬 많이 해주세요!!!
저도 다독여가며 특별히 챙길게요~
더 궁금하신 점 있으시면 언제든 연락 주세요.
좋은 저녁시간 되셔요!!

▲ 문자, 카카오톡 상담

안녕하세요. ○○이 담임 ○○○입니다.

우리 ○○이가 바이엘 1권 과정을 모두 마치고 2권으로 진급했어요. 칭찬 많이 해주세요. 바이엘 1권에서는 음표와 계이름, 손모양과 운지법을 중점적으로 배웠는데 2권에서는 쉼표와 음정, 기본적인 악상기호에 대해 배울 거예요. ○○이는 피아노를 배우는 자세가 좋아서 시범을 보여주면 아주 잘 따라 한답니다. 아직은 손가락 힘이 없어서 단단한 소리를 내기는 힘들지만 앞으로 더 좋아지도록 열심히 가르칠게요. 우리 ○○이가 더 즐겁게 피아노를 배울 수 있도록 최선을 다하겠습니다.

▲ 레슨 교재 진급 시 평가쪽지 예1

안녕하세요. ○○이 담임 ○○○입니다.

○○이가 바이엘 4권을 시작하게 되었어요. 우리 ○○이는 고사리 같은 작은 손으로 얼마나 피아노를 야무지게 잘 치는지 몰라요.

보통 3권쯤 되면 어려운 연습곡이나 솔의 자리가 나오면서 아이들이 슬럼프에 빠져요. 특히 계이름이 정확하게 인지되지 않은 친구들은 더 힘들어하는데 우리 ○○이는 기초부터 탄탄히 체계가 잘 잡혀 있는 것 같아요. 음의 자리가 바뀌고 리듬이 어려워도 정확하게 읽고 잘 친답니다. ○○이는 손가락 힘도 좋고 악보고 잘 보기 때문에 체르니를 시작하게 되면 실력도 쑥쑥 늘 거예요. 앞으로가 더욱 기대되는 ○○이랍니다. 우리 ○○이 칭찬 많이 해주세요. 저도 최선을 다해 가르치겠습니다.

▲ 레슨 교재 진급 시 평가쪽지 예2

특별한 특강 프로그램

다른 학원과 차별화된 특별한 프로그램이 있으면 자부심을 가지고 수업을 하기 때문에 아이들도 즐거워하고 학원의 이미지도 좋아집니다. 예전에는 프랜차이즈 수업이 별로 없어서 장구, 단소, 리코더, 핸드벨, 음악게임, 음악감상 등을 직접 계획안을 만들어 가르쳤지만 현재는 프랜차이즈 특강수업을 도입하고 있습니다. 계획이 잘 짜여진 프로그램은 아이들에게 더욱 즐거운 특강시간이 됩니다.

수업을 잘하기 위해서는 프로그램을 잘 파악하고 준비해야 하는데 수업 하루 전에 교사회의를 통해 수업 안을 작성하고 준비하는 것이 중요합니다. 또한 수업 하루 전에 학부모께 안내 문자를 보내면 학원에 대한 신뢰가 생기고 간접 홍보도 됩니다.

> 매주 화요일은 리코더 수업이 있는 날입니다. 1, 2, 3학년 친구들은 리코더를 꼭 준비해 주세요.
> 이번 주 수요특강은 리듬 짱 수업입니다. 아이들이 리듬악보를 보고 음악에 맞춰 리듬치기를 하는 시간이에요. 몸으로 리듬을 익히면 리듬감이 좋아져 피아노 칠 때 어려운 리듬도 척척 해낸답니다.
> 2, 3, 4, 5시 부까지 있으니 되도록 시간에 맞춰 보내주시면 감사하겠습니다. 늦게 오는 아이들은 피아노 수업을 하겠습니다.

▲ 특강 안내문

1. 유치부, 초등부 분리수업

아이들의 연령과 특성에 맞는 수업을 함으로써 더욱 체계적이고 즐거운 음악수업이 됩니다.

2. 초등 특강 프로그램

원장님이 직접 시중에 나와있는 여러 가지 초등 특강 프로그램들의 세미나를 들어보고 학원에 가장 맞는 수업을 해야 합니다. 아무리 좋은 프로그램도 1년 이상 하면 아이들이 지겨워하기 때문에 여러 가지 프로그램을 바꿔가며 하는 것이 좋습니다.

3. 유치부 프로그램(좌뇌와 우뇌의 균형 있는 발달)

유치부는 아직 어리기 때문에 음악놀이 수업이 꼭 필요합니다. 피아노와 이론만으로는 아이들이 금방 싫증내고 힘들어해서 초등학교 입학 전에 그만두는 아이들이 종종 생깁니다. 음악놀이 수업을 하면 도중에 그만두는 아이들이 거의 없으며 즐겁게 학원을 다닙니다. 특히 유치부는 악기의 테크닉을 가르치기보다는 음악을 듣고, 느끼고, 생각하고, 표현하는 것을 가르치는 것이 중요합니다. 이러한 음악교육은 통합융합 예술교육으로 좌뇌와 우뇌를 균형 있게 발달시켜 사고의 폭을 넓혀주고 타인을 배려하고 이해하는 따뜻한 아이로 자라게 합니다. 또한 음악 놀이를 통해 사회성, 리듬감, 표현력, 창의성, 음악성, 예술적 감각까지 발달하기 때문에 피아노를 더욱 즐겁고 쉽게 배울 수 있습니다.

특강수업을 할 때는 원장이 혼자 하기보다는 강사 교육을 통해 여러 명의 강사들이 골고루 수업을 하게 해야 합니다. 강사들이 지치지 않고 아이들도 즐거운 수업을 받을 수 있기 때문입니다. 잘 준비된 특강수업은 아이들에겐 더운 날에 주는 시원한 아이스크림과도 같습니다.

> 더운 여름이 가고 시원한 가을이 왔네요. 이번 주 특강수업 안내입니다.
> 음악동화 : 호두까기 인형과 과자나라
> 클래식음악 : 차이콥스키의 호두까기 인형 중 '아라비아 춤'
> 호두까기 인형과 과자나라 동화로 스토리텔링 후 아이들의 상상력과 표현력을 확장시키고 단어를 탐험해서 스토리를 탄탄하게 다집니다. 스토리를 통해 음악을 듣고 악기로 표현도 해 볼 거예요.
> 수업시간을 잘 지켜서 보내주시면 더욱 즐거운 수업이 될 수 있어요.

▲유치부 특강 안내문

유치부 특강수업 후 사진을 첨부해서 수업내용과 아이들의 태도를 세심하게 적어서 보냅니다.

> 이번 주는 차이콥스키의 호두까기 인형 중 '아라비아 춤'을 감상하고 그림으로 표현해 보았어요. 음악을 듣고 표현하는 것이 어려울 법한데 자기의 느낌을 자신 있게 잘 표현하는 아이들이 놀라울 따름이에요.
> 호두까기 인형과 과자나라 동화를 들을 때에는 크리스마스 전날 겪은 꿈같은 일의 주인공이 된 것처럼 이야기 속으로 빠져들어 꿈과 환상의 세계를 느낀답니다. 음악을 들으며 스카프로 요정이 된 것처럼 표현도 하고 마지막엔 리듬악기로 음표공부도 하고 너무 즐거운 시간이었어요.

▲특강 후 안내문

정기 연주회와 콩쿠르

연주회를 통해 우리 학원의 프로그램과 원장의 교육철학을 보여줌으로써 믿음과 신뢰를 주게 됩니다. 연주회 때 보여지는 실력으로 학원이 평가되기 때문에 충분한 연습 기간을 거쳐 학부모께 좋은 모습을 보여줄 수 있도록 최고로 잘 가르쳐야 합니다. 우리 학원은 연말 연주회를 위해 2학기 접어들면서부터 체르니100번 이상 수준의 아이들 모두를 준비시킵니다. 바이엘 수준의 아이들은 연주곡의 수준이 낮아 학부모의 기대에 못 미치기 때문에 오히려 학원에 안 좋은 영향을 줄 수도 있습니다. 선생님들도 아이들과 함께 연주하면 분위기도 좋아지고 자녀들의 음악 교육에 대한 믿음과 신뢰도 더욱 쌓이게 됩니다.

또 우리 학원은 1년에 한 번 자선음악회에 아이들을 출연시킴으로써 무대 경험을 쌓음과 동시에 음악으로 마음을 나누고 소통하는 가장 큰 경험을 합니다.

1. 정기 연주회

연말쯤을 연주회 날로 정하고 1~5부로 나누어 연주회를 합니다. 4~5부는 오후 늦게 시작하기 때문에 맞벌이 부모께 양보하고 나머지 1~3부 중 1지망, 2지망으로 신청을 받습니다.

안녕하세요. 아이들이 그동안 배운 실력을 보여드리고 음악으로 소통하고자 _____ 음악학원 정기 연주회를 개최합니다.

날 짜 : ○월 ○일 ○요일
시 간 : 1부 2시, 2부 3시, 3부 4시30, 4부 6시, 5부 7시30분

원하는 시간에 1지망, 2지망으로 선택해서 문자 보내주세요.
4~5부는 맞벌이 학부모께 양보해주세요.

▲연주회 안내문

연주곡을 정할 때는 대중적인 뉴에이지, 재즈, 가요, 클래식 명곡을 적절히 섞어 연주회가 지루하지 않게 합니다. 대중음악은 관중의 마음을 얻기는 쉽지만 뭔가 아쉬움을 느낄 때가 있으며 테크니컬한 클래식 곡은 수준 높은 감동을 선사합니다.

연주회는 우리학원의 다양한 특강악기를 소개하는 시간이기도 하기 때문에 현악기, 관악기 연주 및 특강시간에 배웠던 리듬합주와 리코더합주, 어린이 보컬 등 다양한 레퍼토리로 프로그램을 만듭니다. 때문에 연주회를 마치고 나면 특강악기 신청도 많아지고 학원에 대한 믿음과 신뢰도 더욱 좋아집니다.

우리 학원에서는 연주회를 크리스마스 즈음에 맞춰서 하고 있습니다. 매년 개최하는 연주회지만 아이들이 주는 감동은 이루 말할 수 없이 따뜻하고 사랑스럽습니다. 연주회 후 학부모들의 얼굴에 만족한 웃음이 지어지는 것을 보면 그동안의 피로와 고단함이 한순간에 사라집니다.

처음부터 이렇게 감동적인 연주를 한 것은 아닙니다. 처음 연주회를 개최했을 때는 아이들의 격차가 너무 커 연주를 하다 실수하거나 감동적인 연주가 안 된 아이들의 학부모는 화가 나서 항의한 적도 있었습니다. 이러한 경험을 통해 그 후로는 연주곡 준비 기간을 충분히 잡아 아이들이 최대한 연주를 잘 할 수 있도록 연습을 시켰습니다. 평소에 못 치는 아이들도 계속된 반복 연습으로 많이 좋아지는 것을 느꼈고, 실력이 조금 부족한 아이들이 연주를 잘 했을 때 너무 행복해 하는 학부모의 반응을 볼

수 있었습니다. 더불어 학원에 대한 믿음과 신뢰도 매우 좋아졌기 때문에 연주회는 최선을 다해 준비해야 합니다.

안녕하세요. _____음악학원장 ○○○입니다. 추운 날씨에도 불구하고 연주회에 참석하시어 자리를 빛내 주셔서 너무 감사드립니다. 그동안 우리 아이들의 실력이 무척 궁금하셨죠? 오늘 그 궁금증을 시원하게 풀어드리도록 하겠습니다.
우리 학원에서 매년 정기 연주회를 준비하는 이유는 _____음악학원을 믿고 보내주시는 부모님들께 아름다운 연주로 보답하고 아이들에게는 잊지 못할 추억과 꿈을 만들어주기 위함입니다. 아이들이 피아노를 배우는 진짜 이유는 행복한 삶을 살기 위함인데 우리 학원은 오늘 연주를 하는 모든 아이들과 감상하시는 부모님 모두가 행복한 시간이 되도록 최선을 다해 준비하였습니다. 마지막으로 아이들이 많은 관중들 앞에서 연주하는 것은 무척 떨리고 긴장되는 순간입니다. 혹시 실수를 하더라도 따뜻한 칭찬과 격려의 박수 부탁드리겠습니다. 우리 _____음악학원에 자녀를 믿고 보내주셔서 감사합니다.

▲ 연주회 인사말1

올해로 _____ 음악학원의 ___ 번째 연주회를 하게 되었습니다. 이렇게 연주회를 할 수 있는 것은 부모님의 관심과 응원 덕분입니다. 바쁘신 와중에도 아이들의 연주를 보기 위해 발걸음 해주신 부모님들께 너무 감사드립니다. 그동안 아이들의 실력이 궁금하셨을 거예요. 물론 학원에서 분기별 평가서나 상담을 통해 아이들의 진도나 수업내용, 실력을 알려드렸지만 백 마디 말보다 연주 한 번 보여드리는 것이 가장 큰 보답과 소통이라고 생각하기에 연주회를 준비하였습니다.

우리 학원의 가장 큰 장점은 담임제 수업으로 아이들의 개인차와 특성에 맞는 개인레슨이 가능하며, 유치부, 초등부 분리 수업에 따른 연령별 차별화된 프로그램으로 특별한 수업을 한다는 점입니다. 그리고 아이들을 가르치는데 가장 중요한 교사의 실력과 자질 또한 검증된 전공자 선생님들로 구성되어 있으며 아이들을 사랑으로 품으며 가르친다는 점입니다.

올해도 선생님들과 협력하여 각종 콩쿠르에서 좋은 성적을 거두었으며, 가장 기뻤던 일은 음악대학 피아노과에 수시합격을 시켰다는 것입니다.

피아노의 첫걸음 유치부부터 전공반에 이르기까지 체계적인 교육 프로그램이 갖추어져 있으며 취미반을 위한 실용급수 자격증을 도입하여 피아노가 즐기며 스트레스를 푸는 악기로 자리매김 하였습니다. 따라서 이번 연주회는 클래식과 재즈를 적절히 섞어 좀 더 즐길 수 있는 무대를 만들어 보았습니다.

아이들이 열심히 연습하고 준비하였습니다. 무대에서 연주하는 일은 너무 떨리고 긴장되는 순간인데 혹시 실수하더라도 나무라지 마시고 더 큰 박수로 응원해 주시기 바랍니다.

마지막으로 연주회를 통해 힐링의 시간이 되길 바라며 열심히 애쓰며 가르친 선생님들께도 격려의 박수 부탁드리겠습니다. 내년에도 더욱 좋은 모습을 보여드리는 _____ 음악학원이 되겠습니다.

▲ 연주회 인사말2

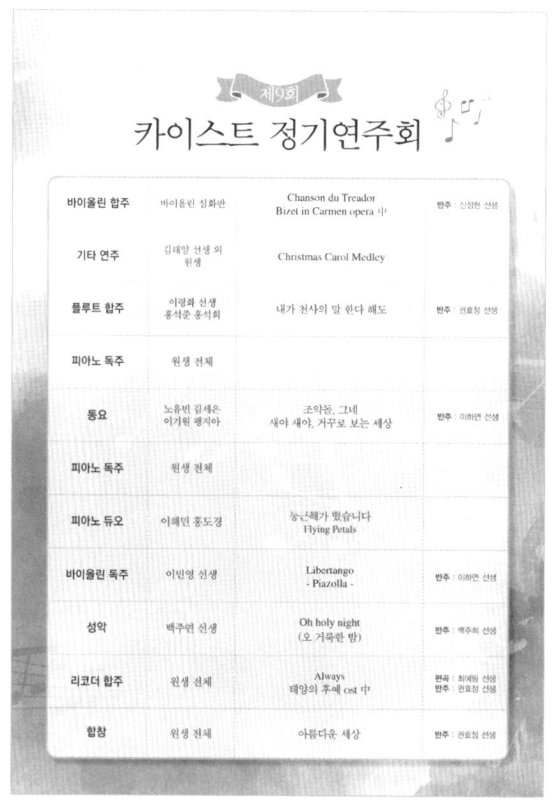

▲정기 연주회 프로그램

2. 콩쿠르 준비

콩쿠르는 체르니100 후반 정도의 수준이 되었을 때 나가게 하는 것이 좋습니다. 수준이 안 되는데 무리하게 연습을 시키면 오히려 역효과가 나서 아이와 선생님 모두가 힘들어질 수 있습니다. 체르니100 후반 정도가 첫 콩쿠르를 보내기에 가장 좋다고 생각하는데 어려운 악보도 이해하고 테크닉도 조금만 연습하면 따라오는 수준이 되었기 때문입니다.

학원을 오픈하고 3년 정도가 되도록 우리 학원을 대표할만한 스타를 만들지 않으면 퇴보하는 게으른 학원이 되기 쉽습니다. 콩쿠르 준비가 힘들고 어렵지만 어려운 곡을 연습하는 과정에서 아이들은 지구력과 집중력을 배우게 되고 콩쿠르를 마치고 나면 성취감과 자신감, 긍정적인 마인드를 갖게 됩니다. 원장 또한 레슨하면서 나만의 교수법이 생기고 콩쿠르 입상자가 많아지므로 잘 가르치는 학원으로 성장하게 됩니다. 또한 입상한 원생의 학부모는 우리 학원의 홍보대사가 된 거나 다름없습니다.

처음부터 너무 어려운 콩쿠르에 나가는 것보다 적당한 수준의 콩쿠르에 나가서 많은 아이들에게 상 받는 기쁨을 느끼게 해주는 것이 좋습니다.

콩쿠르를 준비하는 원생 부모께는
"콩쿠르는 피아노를 배우는 마지막 단계가 아니라 피아노를 배우는 행복의 단계로 들어가는 거라고 할 수 있습니다. 콩쿠르가 끝나면 학원을 그만 다니는 아이들도 생기는데 그러면 가르친 원장도 보람이 없고 의욕도 사라지게 됩니다. 콩쿠르는 아이들이 더욱 성장할 수 있는 기회로 보고 열심히 배울 수 있게 칭찬과 격려를 해주어야 합니다."라고 말씀을 드립니다.

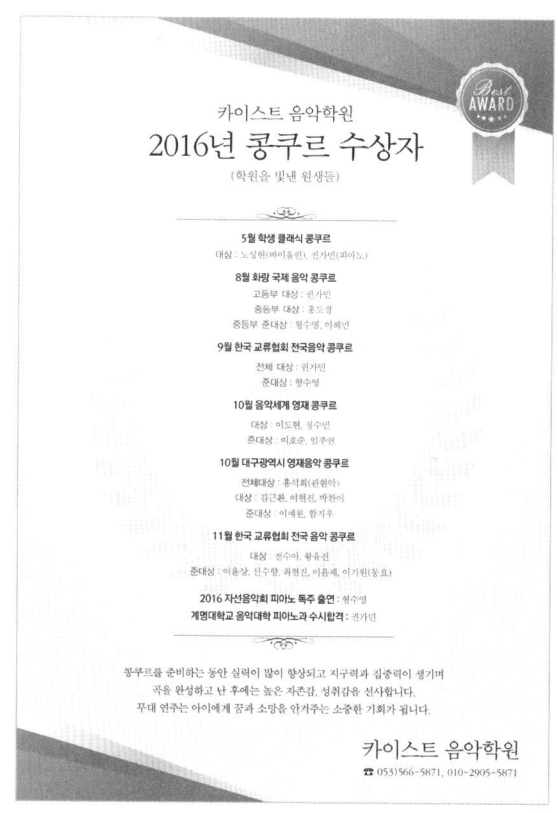

▲콩쿠르 수상경력 홍보물

3. 콩쿠르 에피소드

얼마 전 콩쿠르를 준비한 2학년 여자 아이의 일입니다. 피아노를 좋아하지만 손이 마음대로 움직여지지 않아 레슨을 받을 때면 답답해하는 아이였습니다. 그런데 체르니100번을 치면서부터 콩쿠르에 늘 나가고 싶어 했어요. 드디어 체르니30번을 진급하게 되었는데 책을 받자마자

"선생님 저 콩쿠르 나갈 수 있죠?"

라고 하는 거였어요. 예쁘고 귀엽기도 하지만 저 느린 손을 어떻게 가르쳐야 할지 걱정이 됐습니다. 그렇다고 아이에게 실망을 주면 안 되니

"그래. 이제 체르니30번 됐으니 당연히 콩쿠르 준비해야지."

라고 대답해 주었습니다.

평소에는 손가락이 안 돌아 간다고 야단맞을 일이 없었으니 앞으로 일어날 일이 어떨지 아이는 아무것도 모르고 천진난만하게 좋아하는 것이었어요. 콩쿠르 곡을 받고

좋아한 모습을 잊을 수 없네요.

콩쿠르를 한 달 앞두고 일이 벌어졌습니다. 아무리 연습을 해도 손가락이 고르게 움직이지 않고 악보도 못 외우고, 이만저만 힘든 게 아니었죠. 그래서

'오늘은 맘 단단히 먹고 잡아야겠다.'

라고 다짐하고 아이에게 이렇게 말했습니다.

"너 오늘 이 부분 고치지 않으면 집에 갈 생각마라!"

단호하게 말하고 레슨할 때도 부분 연습만 여러 번을 시켰습니다. 아이가 레슨을 받다 말고 엉엉 우는 것이었어요. 저 또한 손가락 느린 아이 연습시키는 것이 얼마나 힘들고 속상했는지

"○○아, 너 콩쿠르 나가서 상 받고 싶지? 그러면 안 되는 부분 연습해서 고쳐야하는데 선생님도 힘들지만 조금만 더 연습하면 할 수 있을 것 같아서 노력하는 거란다. 다시 한 번 해볼래?"

하고는 우는 아이를 달래서 연습을 시켰습니다.

결국 콩쿠르에서 입상을 했죠. 이 아이가 콩쿠르에 나가서 상을 받고 나니 얼마나 자신감이 생기고 얼굴이 밝아졌는지 피아노학원 가는 것이 제일 즐겁다고 하는 것이었습니다.

사실 이번 콩쿠르를 준비하면서 잘하는 아이들만 뽑아서 준비해야겠다고 마음먹었는데 아이의 콩쿠르 후 달라진 모습을 보고는 제 마음의 변화가 있었습니다. 아이들에게 골고루 기회를 제공해서 꿈과 희망을 주는 것이 나의 일이라는 생각이 들었습니다.

> 우리 학원에서는 아이들이 중급 정도의 실력이 되면 콩쿠르에 참가 시킵니다. 콩쿠르 곡을 준비하면서 아이들의 실력이 많이 향상될 뿐만 아니라 지구력, 집중력, 자신감도 좋아집니다. 콩쿠르를 준비하는 동안 힘들더라도 인내심을 가지고 열심히 연습을 해야 합니다. 아이가 콩쿠르에 참가하길 원하시면 신청 문자 보내주세요.

▲콩쿠르 안내문

1인 2악기 시대, 고학년 맞춤 레슨

　예전에는 피아노 하나로 음악공부가 다 된다고 생각하는 시대가 있었습니다. 그러나 지금은 피아노 이외의 악기를 하나씩 더 배워야 한다고 생각하는 부모님들이 많아졌습니다. 학교에도 관현악부가 많이 있고, 수행평가에서도 피아노보다는 다른 악기를 연주할 때 점수를 더 높게 받는 경우가 있습니다. 따라서 피아노뿐만 아니라 현악기, 관악기, 드럼, 기타를 배울 수 있는 기회를 제공함으로써 아이들이 여러 가지 악기를 접할 수 있고 즐겁게 배울 수 있습니다.

　피아노학원에서 하는 특강악기는 저렴한 가격에 많은 아이들이 배울 수 있게 하는 것이 좋습니다. 우리 학원에서 가장 인기 있는 특강악기 수업은 바이올린과 드럼입니다. 바이올린반을 모집할 때는 기초반과 심화반으로 나누어 기초반은 저렴한 수업료와 무상 악기 대여로 많은 아이들을 모집하여 소그룹으로 재미있게 배울 수 있도록 하는 것이 좋습니다. 6개월 정도가 지나면 심화반으로 승급시켜 기초반보다 좀 더 레슨비를 받고 심화된 레슨을 하며 콩쿠르도 준비시켜 성장하는 악기수업으로 만들어야 합니다.

　드럼은 스트레스 해소에 가장 좋은 수업으로 주 1회 30분씩 1 : 1로 운영하고 있습니다. 드럼도 전문 프로그램을 도입하면 아이들에게 더욱 체계적이고 즐겁게 배울 수 있습니다.

고학년을 위한 맞춤 프로그램이 있으면 고학년 모집이 쉬워집니다. 예전에는 고학년으로 올라갈수록 피아노를 그만두는 경우가 많았지만 요즈음은 중학교 과정에 자율학기제가 생기면서 피아노를 배우고 싶어 하는 아이들이 많아졌습니다. 하고 싶을 때 자의에 따라 좋아하는 가요나 재즈(급수곡), 뉴에이지, 반주법 등을 배우니 더 즐겁게 임하고 방학 때마다 재 등록률도 높습니다. 특히 실용급수 자격증 반은 아이들이 목표의식을 가지고 도전하기 때문에 완성도 있는 곡을 만들 수 있으며 만족감과 성취감이 높아 인기가 좋습니다.

피아노 외 다른 악기를 저렴한 레슨비로 배울 수 있게 하였더니 학원의 교육서비스에 좋은 인상을 받은 학부모들이 많아져 1인 2악기 신청률이 높아졌습니다.

우리 학원에는 7세부터 피아노를 배워 중학교 1학년이 된 여학생이 있습니다. 이 학생은 여러 차례 콩쿠르 입상을 계기로 피아노를 좋아하게 되었는데 중학교에 진학하고 사춘기를 겪으며 학교생활에 적응하기 힘들어했습니다. 이 학생이 다니는 학교는 1년에 한 번씩 정기 연주회를 하는데 대중적인 뉴에이지 〈플라워댄스〉를 메트로놈에 맞춰 정확한 템포로 연습하게 하고, 리듬연습도 부분적으로 시켰습니다. 콩쿠르를 준비하며 끈기와 인내를 가지고 연습하는 것이 몸에 배었기 때문에 연습을 잘 할 수 있었습니다. 이 학생이 치는 연주곡을 들은 선생님과 아이들이 모두 놀랐다고 합니다. 이제껏 이 곡을 이렇게 잘 연주한 학생은 없었다고 할 만큼 많은 칭찬을 받았고 그때부터 학교생활이 더 즐거워졌고 공부뿐만 아니라 피아노도 잘 치는 인기 있는 학생이 되어 자신감 있는 모습으로 학교생활을 하는 것을 보았습니다.

강사 관리법

어떤 강사가 있느냐에 따라 학원의 분위기가 달라집니다. 늘 밝은 얼굴로 아이들을 대하는 강사가 있는 학원은 분위기가 밝고 아늑하지만, 무표정의 무뚝뚝한 강사가 있는 학원은 분위기가 어둡습니다. 때문에 아이들을 사랑하고 밝고 즐겁게 일하는 강사는 누구나 선호하는 강사일 것입니다. 강사관리는 학원운영에서 가장 힘든 일 중의 하나입니다. 오랜 경험으로 알게 된 것은 좋은 강사를 얻으려면 먼저 좋은 원장이 되어야 한다는 것입니다. 강사의 마음을 이해하고 배려하고 협력하여 학원을 운영하는 것이 좋습니다.

1. 다양한 강사를 경험한 끝에 얻은 노하우

'내 맘에 들게 일하는 강사 어디 없나요?'

학원을 운영하는 원장들은 누구나 이런 생각을 했을 것입니다. 강사를 채용할 때 무엇을 보고 어떤 기준으로 채용해야 할까요?

우선은 졸업장이 있어야하고 다른 학원에서의 일한 경력을 보되 한 학원에서 일한 기간이 중요합니다. 여러 곳을 옮겨 다니는 강사보다는 한 학원에서 오래 일한 강사가 책임감도 있고 사회성도 있습니다. 또한 인상이 밝은 사람이 성격도 밝아서 아이들이 좋아합니다.

아이들을 가르치는데 무미건조하게 레슨만 하고 나오는 강사, 월급 받고 잠수 타는 강사, 아이들에게 소리 지르고 짜증내는 강사, 휴대폰을 자주 보고 게으름 피우는 강사, 누가 원장인지 헷갈리게 하는 강사, 이런 강사들 때문에 강사 채용하는 것이 걱정될 것입니다.

어떻게 하면 주인의식을 가지고 즐겁게 일하게 할 수 있을까?

많은 고민을 했습니다. 우선 강사를 채용할 때 꼭 알아야할 몇 가지가 있습니다. 이전 학원에서 책임감 있게, 성실하게 일했는지 알아보는 방법으로 **일한 년 수**를 봐야합니다. 한 학원에 오래있지 못하고 학원을 자주 바꾸는 강사는 책임감과 인내심이 없다고 보면 됩니다.

강사의 **인상**도 중요합니다. 부드럽고 선한 이미지를 가진 강사는 아이들에게도 따뜻한 성품으로 대하기 때문에 아이들이 좋아합니다. 아이들에게 무관심하거나 성실하지 않는 강사는 몇 번의 대화로 고쳐지지 않으면 방도가 없습니다.

원생에 대한 책임감과 학원에 대한 애착심을 갖기 위해서는 담임을 정하고 학원의 모든 특강 수업에 참여시키는 것이 중요합니다. 매일 자기반 출석부를 체크하고 결석한 아이들에게 전화하고 문자를 보내게 합니다. 강사가 여러 명일 때는 일을 잘 분배해서 불만이 생기지 않도록 세심하게 신경을 써야합니다. 청소할 때도 각자 맡은 구역을 정해서 하도록 합니다. 그러면 누가 더하고 덜할 것도 없이 각자 최선을 다해서 빠르게 일을 할 수가 있습니다.

강사는 내가 부리는 아랫사람이라고 생각하기보다는 같은 일을 하는 동료로 생각하고 예의를 갖추고 존중해주어야 합니다. 잘할 때에는 진심으로 칭찬을 해야 합니다. 이렇게 일하다보니 서로 맞춰가며 즐겁게 일을 하게 되었습니다. 또한 일하는 중간 배고프지 않게 항상 간식을 챙겨주면 아이들에게도 더 잘하게 됩니다. 대략 두 달에 한번씩 회식도 같이하면 관계가 더 좋아져 서로 도우며 즐겁게 일을 할 수 있습니다. 강사의 생일도 챙겨주면 학원의 분위기가 따뜻해지고 강사들 또한 더 즐겁게 일을 합니다. 그러나 강사가 할 일을 안 하고 게으름을 피울 때는 원장실에 따로 불러서 이야기하는 것이 좋습니다. 이때 정색을 하고 말하면 오히려 안 좋은 경우가 생기기 때문에 표정관리가 안 되면 좀 기다렸다가 마음을 가라앉히고 부드럽게 풀어나가는 것이 중요합니다.

강사들에게 우리 학원의 좋은 점을 말해 달라고 설문조사를 한 적이 있었는데 선생님들의 공통된 의견 몇 가지를 들어보겠습니다.

우리 학원의 가장 좋은 점은 항상 강사 선생님 편에서 생각해 주시는 원장님의 마인드입니다. 학부모와 트러블이 있을 때마다 저희 편에서 얘기하고, 해결해 주시는 든든한 원장님 최고입니다.
— 신○○ 강사

이론과 레슨의 분리로 인하여 레슨에 집중할 수 있다는 점과 간식을 제공해 주셔서 힘들 때마다 마음대로 꺼내먹고 더 집중해서 레슨할 수 있다는 점 등, 원장님의 배려 덕분에 더 열심히 일하게 돼요. — 정○○ 강사

아이들 편에서만 생각하는 다른 원장님들과 달리 우리 원장님은 강사의 마음을 잘 이해해 주십니다. 무엇보다 다양한 프로그램과 레슨법을 배울 수 있어서 좋아요. — 권○○ 강사

어머님들 편에서만 강사를 나무라지 않고 강사의 편에서 어머님을 설득해 주시는 점, 강사들을 돈벌이 수단으로 생각하지 않고 인격적으로 대해 주시는 점, 강사들이 교육자로서의 마인드를 가질 수 있도록 지도해 주시고 여러 교육 세미나를 들을 수 있는 기회를 제공해 주시는 점, 강사들과 어우러져서 레슨하고 움직여 주시는 점이 좋습니다. — 이○○ 강사

강사들을 많이 배려하셔서 청소도 같이 해주시고, 학원 비품도 알아서 채워주시고, 불편사항은 빨리 시정해 주시고, 본인의 실수도 곧잘 인정하십니다. 원장님이 실수한 일에 대해 "미안해요, 죄송해요."라고 인정하시니 서로 신뢰가 더욱 두터워지는 것 같아요. 강사와의 유대관계가 참 좋습니다. 강사를 아랫사람 부리듯이 반말로 기분 나쁘게 야단치지 않고 언니나 이모가 조언하듯이 부드럽게 풀어나갑니다. — 이○○ 강사

여기까지 우리 학원 강사 선생님들의 의견을 모아봤습니다. 좋은 강사를 만나려면 좋은 원장인지 먼저 생각해 보아야 합니다. 준비된 원장과 좋은 강사가 협력해서 아이들을 가르칠 때 시너지 효과로 학원이 승승장구 할 수 있습니다.

2. 강사 면접 시 꼭 알아야할 사항

① 졸업장과 전공과목 확인

　졸업을 하지 않은 강사는 자격지심 때문에 별것도 아닌 일에 오해하거나 전공과 다른 수업을 하면 자신감이 없어 아이들을 제대로 가르치기 힘듭니다.

② 한 학원에서 어느 정도 기간 일했는지?

　이력서를 보면 1년마다 학원을 옮겨 다니는 강사들이 있습니다. 이런 강사는 끈기와 인내가 부족해 학원 분위기와 환경에 적응되면 지루해하고 다른 곳으로 옮기고 싶어하죠. 책임감이 없어서 채용하기엔 적합하지 않습니다.

③ 현재도 연주할 기회가 있는지?

　보통의 경우 졸업 후엔 연주할 기회가 거의 없습니다. 그렇지만 교회나 합창단 등에서 활동하는 강사들은 평상시 연습을 게을리하지 않고, 연주도 하기 때문에 아이들에게 시범연주도 직접 보여줘 더 재미있게 가르칩니다.

④ 얼굴이 밝고 환한 미소가 있는지?

　아무래도 인상이 좋고 밝은 성격을 가진 강사가 아이들에게 인기도 많습니다.

학원에서 일어나는 이런 저런 일들

1. 원생이 그만둔다고 할 때

　원생이 그만둔다고 하여 가슴이 덜컹 내려앉을 때 있죠? 이럴 경우 왜 학원을 그만 두는지 알아봐야 합니다. 고학년이 되어 시간이 없는 경우, 이사를 갈 때 등 여러 이유가 있겠지만 우리 학원에 불만이 있어 나가는 경우는 한번 생각해볼 필요가 있습니다. 그리고 기존의 아이들에게 좀 더 집중하고 관심을 가지고 사랑을 주어야 합니다. 피아노를 오래 배우지 못하는 아이들 중에 대부분은 피아노를 치는 것이 어렵고 힘들어서 포기하는 경우가 많기 때문에 어려워서 힘들다고 하는 아이들을 잘 가르치는 것이 중요합니다. 이런 아이들을 사랑과 인내로 레슨하면 쉽게 포기하지 않게 됩니다.

　우리 학원에 7세 때부터 피아노를 배우기 시작한 원생이 있었습니다. 이 아이가 지금은 초등학교 4학년이 되었어요. 악보 읽는 것을 너무 힘들어 하고 손가락도 둔하여 다른 아이들보다 진도도 많이 늦었기 때문에 피아노를 좋아하지 않았습니다. 하지만 선생님의 사랑과 관심으로 아이의 개인 차이를 고려하여 레슨을 했더니 조금씩 실력이 자라는 것이 보였습니다. 그 때마다 많은 칭찬과 관심으로 응원하며 열심히 가르쳤더니 콩쿠르도 나가게 되었고 자신감도 생겼습니다.

또 한 번은 피아노를 잘 배우던 아이가 잠시 쉬었다 다시 배운다고 해서 알고 보니 옆 학원으로 간 것이었습니다. 이럴 때 정말 속상하죠? 이유인즉, 담임 선생님이 잘 못 가르쳐서 그렇다고 하더군요. 피아노를 전공한 선생님이라 실력 면에서는 그럴 리가 없다고 생각했습니다. 그런데 가만히 살펴보니 평소에 무뚝뚝한 담임 선생님이 아이들의 마음을 잘 들여다보지 않고 레슨하는 데에만 집중해서 각각의 아이들에게 관심이 별로 없었던 것이었습니다. 조그마한 관심이 아이들에게는 잘 가르치는 선생님이었던 것이에요. 때문에 레슨 시에는 실력도 중요하지만 우선은 아이들의 마음을 읽어주고 아이들의 눈높이에서 말을 들어주고 사랑과 관심을 주는 것이 더욱 중요합니다.

2. 연습실에 앉아있기 힘들어하는 아이

연습실에 잠시도 앉아있기 힘들어하는 아이들은 어떻게 해야 할까요? 이런 아이들은 선생님의 사랑과 관심을 받고 싶어 온 몸으로 표현하는 것입니다. 끈기와 인내가 부족한 아이들은 당연히 연습실에 있기 힘들어 하죠. 이런 경우 보통의 아이들과 똑같은 연습 분량을 하라고 하면 더욱 힘들어하며 학원 오기를 싫어합니다. 이런 아이들은 조금씩 여러 번 레슨을 하여 혼자 있는 시간을 줄여줘야 합니다. 적은 분량을 연습하더라도 칭찬으로 성취감과 자존감을 가지게 하여 점점 향상되도록 해야 합니다.

3. 남의 것 탐내는 아이

이런 일은 아이들이 성장하는 과정에서 충분히 일어날 수 있는 일입니다. 아이들이 학원에 CCTV가 있다는 것을 인지하도록 CCTV를 설치해 두면 예방하는데 도움이 됩니다.

학원에 있던 물건이 없어진 적이 있었습니다. 중요한 물건은 아니었지만 아이들의 교육을 위해 그냥 넘어가면 또 이런 일이 생길 것 같아 학원 게시판에 이렇게 썼어요.

우리 학원에는 CCTV가 설치되어 있어서 없어진 물건 누가 가져갔는지 다 알고 있어요. 원장 선생님께 다시 가져오면 용서해 줄 거고, 안 그러면 경찰에 신고할 거예요.

이렇게 써서 붙여놨더니 오후에 아이의 어머님께로부터, 우리 아이가 실수를 한 것 같다고 죄송하다고 전화가 왔습니다. 없어진 물건은 별것 아니지만 아이의 미래가 걱정되어 그냥 넘어갈 수 없었다고 이제는 안심이 된다고 말씀드렸습니다. 어머님도 감사해 하고 저 또한 아이에게 반성할 수 있는 기회를 주어 일이 잘 해결되었습니다.

4. 바이엘 기초 레슨 더 힘들어요.

바이엘 과정은 악보가 너무 쉽기 때문에 전공자라면 누구나 잘 가르칠 수 있다고 생각하기 쉽습니다. 그러나 갓 졸업한 선생님들에게 가르쳐 보라고 하면 어떻게 설명해야 될지 모르겠다고 당황해 하는 것을 볼 수 있습니다. 아이들이 이해하기 쉽게 가르쳐야 하는 것입니다. 계이름을 읽고 건반을 보고 치면 되는데 뭐가 어렵다는 건지 모를 때가 있습니다.

바이엘 기초 과정에서는 손가락번호 정확히 알기, 계이름 읽기, 손 모양, 손가락 힘주는 포인트 알기, 손목 릴렉스 등만 잘하면 되는데 사실 아이들이 이해하기 쉽게 가르치는 것이 어렵습니다. 계이름을 어느 정도 읽게 되면 올라가기, 내려가기, 건너뛰기, 음의 간격, 넘어가기 등의 패턴으로 악보를 보게 가르쳐야 어려운 악보를 쉽게 볼 수 있습니다. 그래서 우리 학원에 처음 오는 선생님들께는 바이엘 시범 레슨을 꼭 보여주고 레슨법을 설명합니다.

5. 아이들의 사춘기

저학년 때 선생님이 시키는 대로 너무 잘 하던 아이들도 5, 6학년이 되면 연습하기 싫어하고 말대꾸도 심하게 합니다. 이럴 때 아이와 신경전을 벌여서 아이의 고집을 꺾으려고 하는 건 너무 어렵고 힘든 일입니다. 이 시기의 아이들을 이해하기 힘들지만 아이의 말을 들어주고 기다려주는 것이 가장 좋은 방법입니다. 아이가 좋아하는 곡이 무엇인지 찾아서 즐겁게 배울 수 있도록 도와줘야 합니다. 저학년 때는 스트레스를 태권도로 많이 푼다고 하지만 고학년이 되면 음악으로 스트레스를 해소합니다. 특히 드럼이나 기타는 피아노를 어려워하는 고학년들에게 추천하기 좋은 악기입니다. 아이들이 꾸준히 음악을 배워서 스트레스를 해소하게 해주는 것이 좋습니다.

6. 레슨할 때 조심해야 할 말

레슨하다 보면 마음이 급해서 먼저 나오는 말이 있죠? 선생님은 대수롭지 않게 던진 말에 아이들은 상처를 받고 배우기 싫어지게 되는 말이 있습니다.

"아니! 틀렸어! 다시 해봐! 너 지금 무슨 생각하고 있니? 지난번에 가르쳐 줬잖아! 휴~~!"

아이는 피아노를 모르기 때문에 배우러 오는 거죠. 잘 하고 싶은데 손이 마음대로 안 되는 자신은 더 답답할 겁니다. 레슨할 때 아이가 나는 못 한다고 느끼게 해서는 안 됩니다.

"괜찮아. 천천히 다시 해볼까? 누구나 이 부분은 어려워하는데 이 정도면 잘 따라 하는 거야."

기다려주고 틀린 부분을 짚어주며 생각할 수 있게 도와줘야 합니다. 너무 급하게 쫓기듯 레슨을 하면 아이가 레슨 받는 것을 불안해하고 싫어하게 됩니다. 내가 틀려도 선생님께서 친절하게 잘 가르쳐 주신다는 믿음을 주는 것이 중요합니다.

7. 학원에서 아이가 다쳤어요.

아이들이 많은 시간, 레슨하기도 바쁜데 아이들이 다치기라도 하면 당황한 나머지 어떻게 해야 할지 막막할 때가 있습니다. 때문에 학원에는 항상 구급약을 준비해 놓아야합니다. 손가락이 종이에 조금만 베여도 아파서 피아노를 못 치겠다고 하는 아이에게 예쁜 밴드 하나 붙여주면 금방 안 아프다고 연습하러 갑니다.

또 머리 아프고, 배 아파서 피아노 못 치겠다는 아이들도 많이 있습니다. 이럴 때는 유산균 하나 먹이고 조금 있으면 언제 아팠냐는 듯 연습하러 가더군요.

그런데 손가락이 문에 끼거나 친구와 싸워서 다치는 등 정말 크게 다치는 경우도 있습니다. 이런 경우는 학부모께 연락하고 우선 가까운 병원에 데리고 가서 응급조치를 먼저 받는 것이 중요합니다. 원장의 판단으로 별일 아니라고 넘어가면 나중에 더 큰 문제가 생길 수 있습니다.

예전에 한 아이가 손가락이 문에 살짝 끼였는데 별로 다친 것 같지 않아서 괜찮다고 하고 그냥 집으로 보낸 적이 있었습니다. 피아노 치는데도 아프다고 하지 않아서 별일 아니라고 생각했는데 거의 한 달이 지나서 아이의 손톱이 변형 되었다며 학원에서 일이 있었다고 들었는데 어떻게 된 건지 어머님으로부터 연락이 왔습니다. 미리 말해 주었으면 빨리 조치를 취했을 텐데 너무 속상해 하셨습니다. 그런 일이 있은 다음부터는 별일 아니더라도 병원 가서 진료를 받게 했더니 아이가 다쳤어도 오히려 고마워하며 일이 잘 마무리 되었던 경험이 있습니다.

8. 싸우고 다투는 아이 해결책

학원에만 오면 다른 아이들과 싸우고 다투는 아이는 원장실에 데리고 가서 따끔하게 야단을 치는 것이 좋습니다. 후에도 같은 행동을 하면 학부모께 전화하고 아주 엄하게 할 필요가 있습니다. 그렇지 않으면 같은 부류의 이런 아이들이 또 생겨납니다. 이런 아이들 때문에 착한 아이들이 피해를 보게 되며 학원을 그만두는 경우도 생기기 때문에 아이들에게 더 큰 일이 생기기 전에 엄하게 대응하는 것이 좋습니다.

9. 잦은 방문과 레슨 시 참관하는 학부모

학원에 자주 방문하거나 수업 시 옆에서 기다린다고 하는 학부모는 어떻게 해야 할까요? 학부모들이 너무 자주 학원에 오게 되면 아이들 레슨에 집중할 수 없기 때문에 아이들이 많은 시간은 피해 달라고 미리 말씀 드립니다. 또한 수업 시 학원에 있으면 아이들이 수업에 집중하지 않고 선생님들도 불편하다고 솔직히 말씀 드리는 것이 좋습니다. 아이의 실력이 궁금하면 동영상을 보내드리겠다고 하고 동영상과 함께 아이의 평가 내용도 보내드리면 더욱 좋습니다.

마치는 글

성공하는 학원의 몇 가지 조건

① 열정과 자신감으로 날마다 도전하고 발전하는 학원
② 체계적인 원생관리와 경영법으로 안정적인 학원
③ 원장들과 정보를 주고받으며 소통하는 학원
④ 학원에 도움이 되는 교육 세미나에 참여하여 새로운 것을 받아들이고 변화를 두려워하지 않는 학원
⑤ 원장과 강사가 어우러져 소통하며 즐겁게 일하는 학원
⑥ 아이들을 최고의 고객으로 생각하며 사랑과 정성으로 책임감 있게 가르치는 학원
⑦ 학부모와 주기적인 소통으로 믿음과 신뢰가 쌓이는 학원

성공을 기대하는 원장님들을 위해 제가 가지고 있는 노하우를 모두 말씀드렸습니다. 이 책을 읽는 원장님들 중

'내 학원에는 맞지 않다, 할 일이 너무 많아져서 엄두가 안 난다, 나는 원래대로 하는 게 맘이 편하다.'

라고 생각하는 분들께 전하고 싶습니다.

왜 이 책을 접하게 됐을까요?

분명 지금의 학원을 진단하는 다른 시각이 필요하고 그 시각을 다른 사람들의 성공담에서 찾고자 한다면 이 책은 그런 성공담을 제시하기에 충분하다고 생각합니다. 이 책은 나의 학원이 아니라 **강사와 원생과 학부모가 같이 만들어가는 학원**을 제시하였기 때문입니다.

내가 경영하는 학원은 다른 학원들과 달라야 합니다. 원생을 향한 사랑과 원장의 열정 그리고 체계적인 운영방법이 조화를 이루어 나가다보면 어느새 성공한 학원이 되어있을 것입니다. 아무쪼록 이 글을 읽는 모든 원장님들은 꼭 성공하는 분들이 되기를 기원합니다.

백주희

경북예고 피아노과 졸업
계명대학교 피아노과 졸업
음악교육 2급 정교사 자격증
음악 논술 지도자 자격증
창의 두뇌 개발 지도자 자격증
통합 융합 예술 지도자 자격증
우쿨렐레 지도자 2급 자격증
음악학원 연합회 교육이사
학원운영법 강연(서울, 대구, 울산, 진주, 제주, 부천 등)

음악학원 운영의 비밀

발 행 일	2017년 2월 25일(1판 1쇄)
	2017년 7월 1일(1판 3쇄)
발 행 인	김정태
저 자	백주희
발 행 소	삼호뮤직 (http://www.samhomusic.com)
	우편번호 10881
	경기도 파주시 문발로 175
	마케팅기획팀 전화 1577-3588 팩스 (031) 955-3599
	콘텐츠기획개발팀 전화 (031) 955-3588 팩스 (031) 955-3598
등 록	1977년 9월 10일 제 3-61호
ISBN	978-89-326-3636-8

ⓒ 2017, 백주희
이 책의 무단전재와 무단복제를 금합니다.
저자와의 협의에 의해 인지를 생략합니다.
파본은 구입하신 곳에서 교환해 드립니다.